楔子

오늘 하루

2008년 10월 17일 초판1쇄 펴냄
2015년 3월 24일 초판3쇄 펴냄

펴낸곳 (주)도서출판 삼인

지은이 이현주
펴낸이 신길순
부사장 홍승권
편집 김종진 김하얀
미술제작 강미혜
마케팅 한광영
총무 정상희

등록 1996.9.16. 제 10-1338호
주소 120-828 서울시 서대문구 성산로 312 북산빌딩 4층
전화 (02) 322-1845
팩스 (02) 322-1846
전자우편 saminbooks@naver.com

표지디자인 몽돌
제판 문형사
인쇄 대정인쇄
제책 쌍용제책

ISBN 978-89-91097-85-8 03810

값 12,000원

이현주 지음

삼인

선생님께 올리는 말씀
―머리말을 대신하여

선생님.

삼인출판사 젊은 벗들이 그동안 제가 써서 발표한 글들과 혼자 써두었던 글들을 한데 묶어 책으로 펴내자고 하기에 조금 망설이다가 동의했습니다.

망설인 이유는 그러잖아도 시끄러운 세상에 소음 하나 덧보태는 게 분명할 이 짓을 과연 해야 하나, 하는 생각 때문이었고, 그래도 그러자고 한 것은 이 글들을 관통하여 우리가 '진실'이라고 부르는 것을 향해 나아가는 눈길이 하나라도 생긴다면 그것도 괜찮겠다는 생각 때문이었습니다.

선생님.

저는 제 글이 건강하고 행복한 세상을 만들어가는 데 조금이나마 도움이 되었으면 좋겠습니다만, 그러나 그렇게 되기를 목적하거나 소망을 거기에 두지는 않았습니다. 그냥 그때그때 제 속에 있는 느낌과 생각들을 숨 쉬듯이 세상에 내놓았을 뿐입니다.

그래서 지금 저는 이 책이 많이 팔려 많은 사람이 읽고 같은 생각을 나눴으면 좋겠습니다만, 그러나 그렇게 되기를 목적하거나 소망을 거기에 두지는 않습니다.

   세상을 어떻게 해보려는 마음보다, 위에서 내리신 명命에 오로지 충실함을 삶과 죽음의 유일한 동기이자 목적으로 삼아 "오늘도 내일도 그 다음날도 내게 주어진 길을 갈 뿐"이셨던 선생님.
   그래서 마침내 세상을 둘러엎고, 아직 본격으로 실현되지 않았지만 바야흐로 그 실마리가 드러나기 시작한 '위대한 정신혁명'의 기초를 놓으신 선생님.
   송구합니다만, 이러고 있는 저 또한 선생님 작품입니다.
   고맙습니다.

2008년 가을 어느 날,
멀리 엔진 소리에 섞여 흐르는 풀벌레 소리 들으며
모자라는 제자, 觀玉 올림

글 싣는 순서

선생님께 올리는 말씀 — 머리말을 대신하여 • 5

1부 평화가 길이다

전쟁을 없애는 길은 없는가? • 13 | 그날, 선죽교에서 누가 누구를 죽였던가? • 16 | 누구든지 덤벼라! • 19 | 간디와 히틀러 • 22 | 어둠과 싸우는 빛? • 26 | 경쟁이라는 우상 • 30 | 무한 경쟁이라? • 33 | 예수혁명 • 36 | 아브라함의 잘못 • 40 | 아름다운 것은 작은 것인가? • 43 | 정초에 품는 내 낙관의 이유 • 47 | 사람 하나 없어서 • 51 | 평화가 길이다 • 54 | 종교와 배타 • 57 | 기독교 안에도 구원은 있다 • 61 | 파도그래프 • 65 | 행복한 눈물? • 68 | 하지 않는 것과 하지 못하는 것 • 70 | 김경준과 이명박 • 73 | 검정 괴물 • 75 | 정치인들을 위한 기도 • 77 | 당선자와 당선인 • 79 | 금융 강국? • 82 | 눈으로 먹는 음식 • 84 | 무지개 원리? • 87 | 우리만이라도 • 91 | 진돗개 기질 • 94 | 좌절할 수 없는 이유 • 97 | 용왕의 심부름 • 101 | 두바이 열풍 앞에서 • 104

2부 그냥 사람

제행무상 • 109 | 새소리가 새를 느끼듯 • 111 | 내게 당신이 소중한 까닭 • 115 | 무엇에도 걸리지 않는 참 자유 • 118 | 아무것도 아닌 것 • 120 | 나보다 큰 내 몸 • 123 | 환장할 진실 • 126 | 어느 낯선 고장에서 • 129 | 빛으로 말미암아 • 131 | 아메리카 원주민의 지혜와 통찰 • 133 | 덧없는 세상에서 • 137 | 해탈의 길 • 139 | 그냥 사람 • 141 | 미완성 그림 • 144 | 지복의 순간 • 147 | 마음에 드는 일과 안 드는 일 • 149 | 이순의 길목에서 • 152 | 상가에 갔다가 • 155 | 꼴 보기 싫은 사람 있습니까? • 158 | 오늘 하루 • 161 | 용서의 도 • 163 | 가능성의 존재 • 166 | 눈이 아니라 배로 살기 • 168 | 모든 것이 그 완성의 꼭짓점에 있다 • 172 | 목구멍에 가시 • 174 | 우기청호 • 177 | 가르치려고 하지 마! • 180 | 미운 놈 처치하는 법? • 185 | 깨어 있는 사람 • 188 | 애기봉 바다에서 을숙도 바다로 • 190 | 내가 아니라 너다 • 194 | 잘못 읽었을지 모르는 노자 • 198 | 강이냐, 문명이냐 • 200 | 망고처럼 노란 눈(雪) • 205 | 이놈의 버르장머리 • 208 | 화를 내지 말라는 게 아니에요 • 210 | 돌아서서 참회하는 후레자식들 • 213

3부 한 말씀 얻습니다

모든 사람이 하느님의 자녀지만 • 219 | 이상한 평가 • 221 | 하느님에 대한 생각들 • 223 | 사람의 길 • 226 | 예수의 두 얼굴 • 231 | 지구별 종합병원 • 235 | 사랑이란 • 238 | 빛이신 하느님 • 240 | 어리석은 바보짓은 이제 그만! • 242 | 투명한 안경처럼 • 244 | 예수의 급진주의 • 247 | 너답게 살라고? • 249 | 결국 • 251 | 오직 기도가 있을 따름 • 254 | 머리 둘 곳 없는 예수 • 256 | 천당 지옥은 정말 있는가? • 259 | 억! • 261 | 그리스도인을 벗고 싶은 그리스도인 • 264 | 선택과 버릇 • 268 | 북치고 장구 치는 하느님 • 271 | 우리 또한 할 수 없이 사랑입니다 • 275 | 가장 좋은 생각이 반드시 옳은 것은 아니다 • 278 | 장천하어천하 • 282 | 구원이란 무엇인가? • 284 | 예수 부활은 어떻게 왜 '놀라운 사건'인가? • 287 | 먹어봐야 아는 국 맛 • 291 | 인생은 여인숙 • 294 | 세상의 문법을 넘어 • 297 | 사탄은 없다, 유혹도 없다 • 300 | 하느님의 사랑놀이 • 304 | 안분신무욕 • 306 | 『공동번역 성서』에 대한 생각 • 310 | 용서한다는 것 • 313 | "사랑으로 못 고칠 병 없다" • 315 | "모든 사람이 사랑에 중독되어 있다" • 319 | "주는 사랑이 받는 사랑이다" • 322 | "네가 사랑하려 하지 마라" • 326 | "수레를 끄는 것이 말이냐? 마부냐?" • 329 | "살구꽃을 피우는 것은 살구나무가 아니다" • 332 | "세계는 사랑의 자기-실현이다" • 337 | 구원은 없다! • 342

1부

평화가 길이다

전쟁을 없애는 길은 없는가?

"모든 싸움이 두 번째 성냄에서 비롯된다"는 말을 들었습니다. 생각해보니 과연 옳은 말씀입니다. 후려치는 손바닥에 맞받아치는 손바닥이 있어서 소리가 나는 것이니까요. 후려치는 손바닥만으로는 절대로 소리를 낼 수 없습니다.

미국이 탈레반에 폭력을 휘둘렀다면, 그 폭력을 잠재우고 무력하게 만들 것인지 아니면 더 큰 폭력으로 키울 것인지, 둘 중에 하나를 선택하고 실천할 힘은 미국이 아니라 탈레반에 있는 것입니다. 반대로, 탈레반이 미국에 폭력을 썼다면 그 폭력을 잠재우고 무력하게 만들 것인지 아니면 더 큰 폭력으로 키울 것인지, 둘 중에 하나를 선택하고 실천할 힘은 탈레반이 아니라 미국에 있습니다.

잠시 생각해봅시다. 9·11사태 이후에 미국이 이슬람 테러 집단에 보복하지 않기로 결정했다면, 그랬어도 이라크 전쟁이 일어났을까요? 그랬더라면 또 다른 9·11사태가 미국에서 터졌을 것이라고요? 그럴 수 있겠지요. 그래도 미국이 보복을 선택하지 않는다면 역시 전쟁은 없는 것입니다. 일방적인 폭력은 있어도 그로 인한 전쟁은 없다는 말씀입니다.

인간의 폭력 자체를 없애자는 것은, 현재 인류의 의식수준으로 볼 때, 사람 자체를 없애자는 말과 같은 말로 들립니다. 그러나 전쟁을 없애자는 것은 원천적으로 불가능한 일을 하자는 얘기가 아닙니다. 부시 대통령이 전쟁을 선택한 것은, 어디까지나 그렇게 하지 않을 수 있는데도 그렇게 한 것입니다. 만일 그가 대통령 직을 내놓는 한이 있어도 선전포고를 할 수 없다고 버텼다면 그걸 누가 말릴 수 있었겠습니까? 그랬다가 정말 대통령 직을 빼앗겼을지도 모릅니다만, 과연 그렇게 되었다면 인류는 또 한 분 위대한 지도자를 모시게 되었을 것입니다.

그것이 가능한 일임을 증명해보인 사람이 어디 한둘인가요? 하지만 그건 예수나 간디 같은 성인군자나 할 일이라고요? 맞습니다. 그렇다면 우리 모두 성인군자가 되자는 말씀입니다. 무슨 웃기는 소리냐고요? 아닙니다. 당신이 만일 성인군자가 아니라면 그것은 당신 스스로 성인군자가 되지 않은 것이지, 본디 될 수 없거나 누가 억지로 막아서 못된 것이 아닙니다. 당신이 누구한테 맞고서 대거리를 하지 않았다면 그것은 대거리를 하지 않은 것이지 할 수 없어서 못한 것은 아니잖습니까? 반대로, 당신이 누구한테 맞고서 대거리를 했다면 그것은 대거리를 하지 않을 수 없어서 할 수 없이 한 게 아니라, 하지 않아도 되는데 한 것입니다.

그동안 인류가 전쟁을 그토록 싫어하면서도 끊임없이 전쟁을 해야만 했던 까닭이, 전쟁의 원인과 책임을 먼저 폭력을 휘두른 쪽에서 찾으려고 했던 데 있는 것 아닐까요?

아하, 이제 비로소 왜 하느님이 당신 아들을 빌라도와 바리사이 같은 당대의 악당들에게 넘겨주고 하릴없이 죽어가도록 버려두셨는지 그 이유를 알겠습니다. 그렇게 하지 않고서는 인간의 폭력을 잠재울 다른 길이 없음을 우리에게 가르치신 것입니다.

세상에서 전쟁을 없애는 길은 분명 있습니다. 그런데 그 길은 당신에게 폭력을 행사하는 자를 응징하는 데 있지 않고, 당신이 그의 폭력에 대거리를 하지 않는 데 있습니다.

그래서 예수는 우리에게, 네가 죽지 않고서는 나의 길을 함께 갈 수 없다고 단호하게 말씀하신 것입니다.

첫 번째 폭력은 접어두고, 두 번째 폭력의 주인공만큼은 되지 말자고 스스로 다짐해봅니다. 어쩌면 여기에 첫 번째 폭력의 주인공으로 되지 않는 비결이 있을는지 모르겠습니다.

그날, 선죽교에서 누가 누구를 죽였던가?

　통일되면 가보고 싶은 곳이 몇 군데 있는데 그중 한 곳이 개성 선죽교입니다. 선죽교는 이방원의 지시를 받아 조영규가 정몽주를 쇠몽둥이로 쳐죽였다는 곳이지요.
　정몽주가 이성계를 문병 갔을 때, 아들 방원이 술상 차려 대접하면서 그의 속셈을 떠보려고 읊었다는 시조는 이렇습니다.

　이런들 어떠하며 저런들 어떠하리.
　만수산 드렁칡이 얽어진들 그 어떠리.
　우리도 이같이 얽어져 백 년까지 누리리라.

　이에 화답하여 읊은 정몽주의 시조는 「단심가丹心歌」라는 제목으로 널리 알려져 있지요.

이 몸이 죽고 죽어 일백 번 고쳐 죽어,
백골이 진토되어 넋이라도 있고 없고,
임 향한 일편단심이야 가실 줄이 있으랴.

이방원의 노래에 담긴 뜻은, 말 그대로, 이러면 어떠하고 저러면 어떠하냐? 형편 닿는 대로 시절의 변화에 적당히 응하면서 이럭저럭 살자는 것입니다. 세상에는 이런 태도로 살아가는 사람들이 없잖아 있지요. 그런 사람들을 일컬어 '이방원'이라고 불러봅시다. 그들에게는 남을 희생시키면서까지 이루어야 할 무슨 뜻이 없습니다.

반면에 정몽주의「단심가」에는 말 그대로 붉은 핏발이 서려 있는 느낌입니다. 내 뜻과 소신에는 변함이 없다! 백 번을 죽여도 내 뜻을 빼앗거나 꺾지는 못할 것이다! 세상에는 이런 태도로 살아가는 사람들도 없잖아 있습니다. 필요할 경우 자기 뜻을 이루기 위해 남을 죽일 수도 있는 사람들이 그들이지요. 그런 사람들을 일컬어 '정몽주'라고 불러봅시다.

그날, 선죽교에서 누가 누구를 죽였던 것일까요? 역사는 이방원이 정몽주를 죽였다고 말합니다. 그 사건 이후로 정몽주의 모습은 사라지고 이방원이 나중에 임금까지 된 것을 보면 틀린 기록은 아닐 것입니다.

그러나 '이방원'이 '정몽주'를 죽인 것은 아닙니다. 이러면 어떠하고 저러면 어떠하냐? 형편 닿는 대로 어울려주면서 한 백 년 살다가 죽지! 이런 노래를 부른 '이방원'에게, 누구를 죽이면서까지 이루어야 할 계획이나 반드시 관철해야 할 뜻이 있었을까요?

그랬다면 그 사람은 '이방원'이 아니라 '정몽주'지요. 그러니까 그날 선죽교에서 정몽주를 죽인 자는 '이방원'이 아니라 이방원의 얼굴을 한 '정몽주'인 것입니다. 그렇지 않고서야 사람이 사람을 죽이는 피바람이 불었을 리 없으니까요.

정몽주의 얼굴을 한 '정몽주'를 이방원의 얼굴을 한 '정몽주'가 죽인 것입니다. '이방원'은 남을 죽여서라도 반드시 이루어야 할 무엇이 없는 사람이에요. 그에게는 남의 목숨을 없애면서까지 관철시켜야 할 뜻이나 계획이 없습니다. 『논어』에 보면 공자가 그런 분이었다는 기록이 있지요(子, 絶四. 毋意毋必毋固毋我). 실제로 그날 선죽교에서 공자가 정몽주를 만났다고 상상해봅시다. 그가 과연 쇠몽둥이로 정몽주를 처죽였겠습니까?

"그릇된 확신이야말로 모든 미망迷妄 가운데서도 가장 사람을 황폐케 하는 것이다. 아돌프 히틀러도 폴 포트도 자기가 옳은 일을 하고 있다는 확신에 찬 사람들이었다"(소걀 린포체).

이것은 반드시 이래야 한다고 확신하여 그 확신을 관철코자 하는 사람들과 그것은 결코 그럴 수 없다고 확신하여 그 확신을 목숨 걸고 지키려는 사람들이 너무 많은 세상입니다. 그들이 만나면 '정몽주'가 '정몽주'를 죽이는 살벌한 선죽교 역사가 되풀이될 수밖에 없을 터인데…….

세계가 당장 오늘 밤 어떻게 된다 하여도, "네 뜻이 그러냐? 내 뜻은 다르지만, 좋다, 네가 정 목숨 걸고 그렇게 해야겠다면, 그래, 네 뜻대로 하자"고 했다가 쫄딱 망하는 사람 좀 보고 싶습니다. 반드시 너를 죽여야겠다는 유대인들에게 결국 당신 목숨을 내어주신 우리 선생님처럼.

누구든지 덤벼라!

페르시아, 아랍, 터키, 그리스 네 나라에서 온 젊은이들이 친구가 되었습니다. 하루는 누가 그들에게 돈을 주었어요.

페르시아 친구가 "이 돈으로 안구르를 사자"고 했습니다. 그러자 아랍 친구가 "아니야, 나는 이납을 사고 싶어"라고 했지요. 곁에 있던 터키 친구가, "우리는 이 돈으로 우줌을 사야 해"라고 말하자 그리스 친구가 소리를 질렀습니다. "시끄러워. 이걸로 이스타필을 살 거야."

이렇게 네 친구는 서로 다투었는데, 그들이 다툰 것은, 넷이 모두 사고 싶은 것이 같은 포도라는 사실을 몰랐기 때문이었습니다.

13세기 이란의 시인이자 수피였던 루미Rumi가 들려준 이야깁니다. 이건 그냥 한번 웃어보자고 만든 객담이 아니에요.

사람들은 이제나 저제나 같은 이유로 다투고 있습니다. 자기가 행복하기를 바라는 만큼 저 사람도 행복하기를 바란다는 사실을 모르는 것입니다. 자기가 옳은 길을 추구하는 만큼 저 사람도 옳은 길을 가려고 애쓴다는 사실을 몰라서, 그래서 미워하기도 하고 다투기도 하고 마침내 그냥 둘 수 없는 존재로 여겨 죽이기까지 하는 겁니다.

예수가 십자가에 달려 숨지면서 자기를 죽음으로 내몰고 있는 사람들을 가리켜 "저들이 지금 자기네가 무슨 짓을 하는지 몰라서들 저러고 있습니다. 그러니 저들을 용서해주십시오"라고 기도한 것은 사건 속에 감추어진 진실을 꿰뚫어본 처사였어요. 그렇습니다. 특별히 심사가 고약하거나 악해서 못된 짓을 하는 게 아니에요. 알아야 할 것을 몰라서, 그래서 남에게나 자신에게나 못할 짓을 하는 게 사람입니다.

폭력을 폭력으로 꺾을 수 없다는 말에는 오사마 빈 라덴도 부시도 함께 동의할 것입니다. 그러면서 서슴지 않고 미사일로 상대를 공격하는 것은, 적군의 미사일은 폭력이요 아군의 미사일은 폭력이 아니라는 확신 때문입니다.

무지無知는 차라리 고맙습니다. 뭘 모르니까 좋은 일도 못하지만 나쁜 짓도 못하지요. 아무것도 모르는 무지보다 고약한 것은 착각입니다. 착각은 확신을 낳고 확신은 만행을 저지릅니다. 인류 역사상 끔찍한 학살극을 저지른 주인공들은 모두가 확신에 찬 인간이었습니다. 그러므로 경계하여 가까이 하지 말 인물은 이쪽이든 저쪽이든 확신에 차서 자기 생각이나 주장에 손톱만큼도 의심을 품지 않는 자들입니다.

이에 반하여, 인류가 스승이라는 이름으로 불러 모시는 이들은 자기 생각이나 뜻을 관철코자 남을 무찌르는 일 따위는 엄두조차 내지 않았습니다. 노자 이르기를, "성인聖人은 한결같은 마음을 품지 않고 백성들 마음으로 자기 마음을 삼는다" 하였고, 예수도 마지막에 "제 뜻대로 마시고 아버지 뜻대로 하십시오" 하고는 당대의 이른바 불의한 세력에 자기 몸을 내어주셨지요.

그런 분들을 스승으로 모시면서도 이토록 자기주장에 눈이 멀어 미워할 이유가 없는 사람을 미워하고 싸워야 할 까닭이 없는 싸움에 몰두하는 인간들을 어떻게 봐야 할 것입니까? 진짜 불가사의올시다. 하긴, 그런 분들을 스승 정도가 아니라 예배의 대상으로 삼는 자들조차 증오와 분쟁의 소용돌이에서 빠져나오지 못하고 있으니 다른 사람들이야 말해 무엇하겠어요?

여기까지는 사실 하나마나한 얘깁니다. 듣기도 많이 들었을 것이고, 하기 어려운 얘기도 아니지요. 끝으로 나는 어렵지만 한마디 더 해야 합니다. 과연 그리 될는지 되지 않을는지, 그것은 알 수 없지만, 한 가지 약속을 스스로에게 하고 그것을 세상에 드러내어 말합니다.

이제부터 나는 앞에 어떤 수식어가 붙든, '투쟁'이라는 말로 일컬어지는 사건을 적극적으로 만들어내지 않을 것은 물론이요, 소극적으로 지원하지도 않을 것입니다. 세상사람 다 비웃어도 나는 그러겠습니다. 이제 얼마 안 남았을 인생, 이 아무개 그 사람 안 싸우려고 하다가 망한 사람이라는 이름 하나 얻는다면 더 바랄 것이 없겠어요.

"누구든지 덤벼라. 절대로 당신과 싸우지 않겠다! 당신은 결코 나를 이기지 못할 것이다."

간디와 히틀러

　마더 테레사는 말하기를, "내 안에 간디와 히틀러가 함께 있다"고 했습니다. 간디와 히틀러는 동시대를 살다 간 거물이지요. 두 사람이 인류 역사에 끼친 영향력은 참으로 컸습니다. 영향력의 크기로만 본다면 막상막하라 하겠지만, 그러나 그 내용은 하늘땅만큼이나 다릅니다. 한 사람은 비폭력 저항운동으로 인도를 해방시킨 성자요, 다른 한 사람은 폭력으로 나치즘을 선양하려다가 조국과 자신을 파멸로 이끈 전범이지요. 한 사람은 적들한테서조차 존경을 받아냈고, 다른 한 사람은 측근들한테서조차 불신을 당했습니다.

　1940년대 지구를 누군가 한눈으로 내려다보았다면, "하늘은 어찌하여 간디와 히틀러를 함께 냈는가!" 하고 탄식했을는지 모르겠습니다. 모택동식으로 말해서, 하나는 정면正面교사로 다른 하나는 그에 짝할 반면反面교사로 인류에게 주어진 선물이었을까요? 누가 뭐래도, 두 사람은 서로 반대 방향의 길을 걸었습니다. 굳이 분별하여 말하자면, 간디는 선善의 극단으로 걸어간 사람이었고, 히틀러는 악惡의 꼭지에 선 사람이었지요. 간디한테서는 선의 강물이 흘러나와 땅을 적셨고, 히틀러한테서는 악의 화염이 솟아올라 하늘을 태웠습니다.

무엇이 저들로 하여금 그렇게도 다른 길을 가게 만들었을까요? 사물을 보는 관점이 어떻게 달랐는지를 보면 짐작할 수 있을 것입니다.
히틀러는 이것과 저것을 분별하는 데서 그치지 않고 나아가 이것을 잡고 저것을 버리는 쪽으로 용감한 사람이었어요. 그래서 "인류 발전을 위하여" 게르만 종족을 잡고 셈족을 버렸습니다. 반대로 간디는 인종, 피부색, 언어, 종교의 다름에 얽매이지 않고 인류 전체를 형제로 여겨 우애를 나누는 일에 생애를 바친 사람이었지요. 히틀러에게는 죽여 없앨 사람과 살아남을 사람이 뚜렷하게 구별되었지만 간디에게는 그런 구별이 불가능했습니다. 그에게는 영국군 장성들이 적이면서 친구였는데, 좀더 자세하게 말하면, 잠시 '적'의 위치에 서 있다가 결국 제자리로 돌아올 '친구'였어요. 그의 목표는 적을 전쟁 마당에서 굴복시키는 것이 아니라 친구로 돌아서게 하는 것이었습니다. 그가 상대하여 싸운 진짜 적이 있다면 폭력을 쓰는 사람이 아니라 사람이 쓰는 폭력이었지요. 그러기에, 억누르는 자의 폭력과 함께 억눌리는 자의 폭력도 용납할 수가 없었던 것입니다.
나와 남, 빛과 어둠, 선과 악을 '다른 뿌리를 가진 둘'로 보는 관점에서 히틀러의 악惡이 나왔다면 나와 남, 빛과 어둠, 선과 악을 '다른 얼굴을 가진 하나'로 보는 관점에서 간디의 선善이 나왔다고 하겠습니다.

간디의 관점으로 보면 간디와 히틀러는 두 얼굴을 가진 한 사람이요, 히틀러의 관점으로 보면 간디와 히틀러는 근본이 다른 두 사람입니다. 그러고 보면, "간디와 히틀러가 내 안에 함께 있다"고 말한 테레사 수녀는 히틀러의 제자가 아니라 간디의 제자였음이 분명합니다.

그런데, 한번 생각해봅시다. 마더 테레사만 그런 것일까요? 테레사 수녀 속에만 간디와 히틀러가 함께 있는 걸까요? 아닙니다. 모든 사람이 저마다 속에 간디와 히틀러를 함께 안고 살아갑니다. 그렇다면 간디 속에도 히틀러가 있었다는 얘기올시다. 간디는 간디답게 그 사실을 알고 있었습니다. 간디 속에 히틀러가 있었다면 히틀러 속엔들 간디가 없었겠습니까? 있었을 것입니다. 그런데 히틀러는 히틀러답게 그 사실을 눈치조차 채지 못했지요.

자, 문제는 결국 나 자신입니다.

'나는 내 속에 있는 이 두 사람을 어떻게 할 것인가? 테레사 수녀는 자기 속에 있는 히틀러와 손잡기를 거부하고 간디를 향하여 살아간 분이었다. 그분이 전쟁반대운동에 동참하기를 거부하면서, 누가 평화찬성운동을 한다면 기꺼이 함께하겠다고 말한 까닭이 여기 있었으리라. 나도 그러고 싶다. 그런데, 지금까지 나는 내 안에 있는 히틀러를 상대하여 싸우느라고 내 안에 있는 간디를 오히려 못 본 척하는 너무나도 큰 과오를 되풀이하지 않았던가? 그리하여 본의 아니게 내 안에 있는 히틀러를 키우고 간디를 약하게 만드는 결과를 빚지 않았던가?'

이 무식한 과오에 대하여 크게 뉘우치고 돌아서는 마음으로, 이제부터는 그 누구와도 어떤 명분으로도 싸우지 않겠다는 자신과의 약속을 새롭게 다져봅니다. 늦은 감이 있지만 어쩔 수 없는 일입니다. 내 속의 간디를 키우고 히틀러를 약하게 하려면, 히틀러와 손잡기를 거부하고 간디와 손잡는 수밖에 없으니까요.

어둠과 싸우는 빛?

「요한복음」에 이런 문장이 있습니다. "빛이 어둠 속에서 비추고 있다. 그러나 어둠이 빛을 이겨본 적이 없다"(요한, 1:5).

만약에 우리가 어둠을 경험해보지 않았다면, 빛이 있어서 환한 게 어떤 건지 모를 것입니다. 태어나면서부터 눈 먼 사람이 어둠을 알 수 있을까요? 모를 거예요. 환한 게 어떤 건지를 겪어보지 못했는데 어둠을 어찌 알겠습니까? 사람이 무엇을 안다는 것은 그 무엇이 아닌 것을 경험했다는 말입니다.

그러니 "빛이 어둠 속에서 비추고 있다"는 말은 지당한 말씀이지요. 아무리 밝은 빛이라 해도 빛 속에서 빛날 수는 없으니까요. 캄캄한 밤에는 잘 보이던 별들이 환한 대낮에 안 보이는 까닭이 무엇이겠습니까?

그런데요, "어둠이 빛을 이겨본 적이 없다"는 말에는 오해의 소지가 있는 것 같군요. 물론 어둠이 빛을 가로막거나 굴절시키는 경우는 없으니까 틀린 말은 아닙니다만, "이긴다"라는 단어 때문에 "빛과 어둠이 서로 싸운다"고 생각한다면 그것은 터무니없는 오해입니다. 바로 이 오해에서 "선한 싸움 다 싸우고"라든가 "사망 권세 무찌른 부활 예수"라는 노래가 생겨났고, 그 노래를 부르며 거룩한 전쟁(聖戰)의 용사들이 싸움터로 나가는 오랜 비극이 오늘도 저렇게 자행되고 있는 것입니다.

생각해봅시다. 과연 빛과 어둠이 서로 싸운다고 보십니까? 그 둘이 서로 싸울 수 있는 상대일까요?

"어둠이 빛을 이겨본 적이 없다"는 말은 옳은 말입니다. 그러나 이 말을, 어둠이 빛을 상대로 싸웠다가 그 싸움에서 이겨본 적이 없다는 말로 알아들으면 곤란하지요. 완전히 잘못 알아들은 겁니다. 어느 전쟁터라도 좋으니 가서 보십시오. 양쪽 군대가 틀림없이 '정의'라는 깃발을 내걸고 있을 것입니다. 모든 전쟁이, 이쪽 정의로운 군대와 저쪽 정의로운 군대의 충돌이거든요. A나라와 B나라가 싸웁니다. A한테는 A가 좋은 나라요 B는 나쁜 나라지요. 반대로 B한테는 B가 좋은 나라요 A는 나쁜 나라입니다. 그러니 결국 좋은 나라와 좋은 나라, 나쁜 나라와 나쁜 나라가 싸우는 게 전쟁 아닙니까?

그런데요, 한번 더 생각해봅시다. 정말 '좋은 나라'라면, 그 나라가 과연 나쁜 나라하고 맞붙어 싸울까요? 그래서 나쁜 나라가 대포를 쏘아대면 미사일을 쏘아대고, 나쁜 나라가 원자탄을 쓰면 수소탄을 쓰고, 정말 그럴까요? 그런데도 그 나라가 '좋은 나라'입니까?

빛이 과연 어둠을 상대로 싸울까요? 아닙니다! 빛은 어둠을 상대로 싸우지 않습니다. 아니, 싸울 수가 없습니다. 그 이유는 어둠이 상대가 안 될 만큼 미약해서가 아니라 아예 처음부터 없기 때문이에요. 아무리 타고난 싸움꾼이라도, 없는 상대하고야 싸울 수 없잖습니까?

빛은 분명히 존재하지만 어둠은 어디에도 존재하지 않습니다. 어둠이란 본디 없는 거예요. 빛이 무슨 이유로 차단될 때 그것을 어둠이라고 부르는 겁니다. 우리가 경험하는 것은 '어둠의 존재'가 아니라 '빛의 부재'입니다. 우리는 빛의 존재 아니면 빛의 부재를 경험할 뿐이에요. 어둠을 경험할 수는 없습니다. 있지도 않은 것을 무슨 수로 겪습니까? 있는 것은 오직 빛이요 어둠은 존재하지 않는다는 사실을 우리는 간단한 생각실험 하나로 금방 알 수 있지요.

여기 사방으로 밀폐된 방이 있습니다. 밝은 대낮이지만 방 안은 캄캄한 어둠입니다. 이 방 한쪽 벽에 둥근 구멍을 냅니다. 어떻게 될까요? 구멍 굵기의 빛기둥이 어둠을 곧장 관통하겠지요. 빛이 아무런 장애도 받지 않고 어둠을 뚫은 것은 어둠이 빛을 막을 수 없었기 때문이 아니라 빛을 막을 어둠이 그곳에 없었기 때문입니다. 거꾸로, 구멍 굵기의 어둠기둥이 빛을 뚫고 새까맣게 나오는 광경을 상상이나마 할 수 있습니까? 그럴 순 없지요. 없는 물건이 어떻게 있는 물건을 관통할 수 있겠어요?

빛이신 그분을 어둠의 세계가 이겨본 적이 없음은 분명한 사실입니다만, 빛이신 그분이 어두운 세상을 싸워서 무찌르신 것은 결코 아닙니다. 예수 부활은 죽음의 권세와 싸워서 이긴 승리가 아니에요. 죽음이라는 물건이 본디 없는 것인데, 없는 것을 무슨 수로 싸워서 이긴단 말입니까?

제가 누구하고도 싸우지 않겠다고 말하는 것은, 누구하고도 싸우지 않는, 아니, 싸울 수 없는, 빛과 같은 사람이 되고 싶은 마음을 그렇게 표현한 것입니다. 이런 제 소원이 과연 이루어질는지 그냥 소원으로 끝나버릴는지, 그거야 알 수 없습니다만 아무래도 상관없어요.

어두운 세상 한복판에서 그 누구를 피하거나 겁내거나 그 무엇에 부닥뜨려 넘어지는 일 없이, "오늘도 내일도 그 다음날에도 내게 주어진 길을 갈 뿐"이라 하신 스승님, 그렇게 '초연한 참여'의 본을 보여주신 스승님을 앞에 모시고, 그분 시늉을 하면서, 가는 데까지 가볼 따름입니다.

경쟁이라는 우상

사람들이 어떤 물상物象이나 단어 앞에서 무조건 고개를 숙이거나 그것에 거역하는 몸짓을 보이지 않으면 일단 그것들을 당대의 우상偶像으로 의심할 필요가 있습니다. 우상이란, 그것에 복종하고 그것에 이끌려 살아갈 목적으로 인간들이 스스로 만들어 세우는 것이니까요.

인류 역사는, 그런 뜻에서, 끝없이 우상을 만들고 부수어온 인간들의 발자취라 하겠습니다. 어느 시대나 우상을 만들어 세우는 사람들이 있었고, 어느 시대나 우상을 부수는 사람들이 있었으니까요. 물론 우상 만드는 사람들과 우상 부수는 사람들이 따로 있는 건 아닙니다. 그 사람이 그 사람이에요. 그러니, 나는 우상 만드는 일에 조금도 관여한 바 없고 오직 우상 부수는 일만 했다고 말할 수 있는 사람은, 자기의 모든 것을 비워버린 극히 소수 사람을 제외하면, 없다고 봐야 할 것입니다. 물론 스스로 그렇다고 생각하고 주장하는 사람들이야 많겠습니다만. 대개는 앞 세대가 만든 우상을 파괴한 사람이 뒤 세대에 물려줄 우상을 만들게 마련이지요.

사람들은 그렇게 1인 2역을 하였고, 그렇게 우상들의 릴레이라 할 세계사를 이어왔습니다.

얼마 전에만 해도 이른바 '좌우 이데올로기'라는 우상이 이 땅을 엄하게 지배했지요. 아직 그 숭배자들이 고집스럽게 남아 있기는 합니다만, 이제 더 이상 자본주의니 공산주의니 하는 이념들이 사람을 다스리는 시대는 지속되지 않을 것입니다. 이승만 씨와 김일성 씨가 앞장서서 이 땅에 들여온 우상들이 더는 힘을 쓸 수 없게 되었다는 얘기지요. 우상이란 본디 그런 겁니다. 오래 못가는 게 그 생리거든요.

이승만 씨와 김일성 씨의 후손들이 선대보다 똑똑하고 잘나서 좌우 이데올로기라는 우상을 무너뜨린 건 아닙니다. 왜냐하면 그들 또한 자기네 우상을 열심히 만들고 있으니까요. 사실은, 후배들이 만든 신조품新造品 우상 때문에 선배들의 기성품旣成品 우상이 무너지는 것입니다. 나는 이번 김정일 씨와 노무현 씨의 만남에서 그들이 만든 신조품 우상의 정체가 확연하게 드러났다고 봅니다.

겉으로는 평화와 경제협력을 말하고 있지만 그 바탕에 깔려 있는 것은 치열한 경쟁체제에서 살아남기 위한 이른바 '경쟁력 강화'입니다. 이대로 가다가는 남이고 북이고 국제사회에서 경쟁에 뒤질 수밖에 없고, 그것은 자본주의니 공산주의니 따질 것 없이 자멸의 길을 걷는 것이라, 함께 힘을 모아 국가 경쟁력을 높이자는 데 말하자면 남과 북의 계산이 맞아떨어진 것이지요.

보십시오. 요즘 어느 자리에서든지 누가 '경쟁력 강화'라는 말을 내뱉으면 아무도 이의를 달지 않고 곧장 그 '방법론'으로 뛰어들지 않습니까? 경쟁력 강화의 방법론에서는 가지각색으로 다른 얘기를 하지만, 경쟁력 강화 그 자체에는 사람들이 거부는 관두고 아예 질문조차 하지 않는 겁니다. 마치 나치스 독일에서 누가 "하일 히틀러!" 하면 일제히 손으로 하늘을 찌르며 "하일 히틀러!"를 복창했듯이, 육이오 때 누가 "저놈 빨갱이!" 하거나 "저놈 미제 앞잡이, 반동분자!" 하면 모두가 "잡아라!" 하면서 덤벼들었듯이, 요즘에는 누가 "경쟁력!" 하면 기계처럼 고개를 끄덕이며 "어떻게?" 쪽으로 그냥 내달리지요.

실제로 '경쟁'이라는 이름의 우상이 한반도뿐만 아니라 전 세계를 지배하고 있는 게 우리의 현실입니다. 하지만 뭐 크게 걱정할 건 없어요. 지금은 저렇게 대단해보여도 다음 세대에 가면 맥없이 무너질 우상에 지나지 않으니까요.

문제는 우상이 무너지기 전에, 한창 그 위세를 떨치고 있을 때, 그것이 나와 세상을 다스리도록 협조하지 않는 데 있습니다. 다시 말해서, 현존하는 당대의 우상에 절하기를 거부하는 데 인생의 의미와 가치가 있다는 말씀이에요. 나치스 치하에서 "하일 히틀러!"를 거부하고, 육이오 때 "빨갱이" 또는 "반동분자 미제 앞잡이"라는 손가락질을 무릅쓰고 동족을 껴안으며 전쟁을 거부하는 데 '사람의 길'이 있었듯이, 오늘에는 '경쟁 이데올로기'를 거슬러 모두 함께 더불어 살아가는 길을 모색하는 곳에, 우리 스승이 가르치신 '사람의 길'이 있다고 나는 믿습니다.

무한 경쟁이라?

제 집 큰 아이가 초등학교 1학년 때니까 지금(2007년)으로부터 30년쯤 전 얘기가 되겠네요.

학교에서 가을 운동회를 한다기에 새내기 학부모 신분으로 구경을 갔습니다. 마침 1학년 아이들이 달리기를 하더군요. 그냥 달리는 게 아니라, 누가 빨리 달리는지를 겨루더란 말입니다. "달리기를 한다", 이렇게 말하면 우리 머리는 곧장 "달리기 경주를 한다"로 알아듣지요. 운동회에서 그냥 달리기만 하는 건 상상이 안 되는 거예요. 그 정도로 우리 머리는 '겨루기'에 길들어져 있습니다.

아무튼, 1학년 꼬맹이들이 다섯인가 여섯인가 한 팀을 이루어 달리는데, 한 사내아이가 뛰어난 솜씨로 서너 발짝 앞서 나가며 힐끔 힐끔 뒤돌아보는 모습이 참 귀엽더군요.

그렇게 중간쯤 달렸을까요? 혼자서 일등으로 달리는 아이 뒤를 나머지 고만고만한 것들이 무더기를 이루어 따르는가 싶더니 갑자기 한 계집아이가 운동장 바닥이 울리도록 오지게 넘어지는 것이었어요. 모두들 깜짝 놀랐고, 선생님 한 분이 현장으로 달려갔던 것 같습니다.

그런데요, 일등으로 앞서 가던 사내아이가 주춤거리며 걸음을 멈추더니 글쎄 그 넘어져 울고 있는 아이한테로 뒤돌아 달려가지 뭡니까? 가서는 넘어진 아이를 일으켜 세우고, 뭐라고 말하면서 그 손을 잡고, 제 동무가 절뚝거리니까 저도 따라서 절뚝거리며, 결승점을 향해 달려가는 거예요.

저에게는 너무나도 감동적인 장면이었습니다. 지금 그 광경을 회상만 하는데도 이렇게 제 가슴이 두근거리네요. 당연히 그 아이는 제 동무와 함께 꼴찌를 했지요. 결과가 어찌 되었는지 모르겠습니다만, 내가 교장이라면 저 녀석에게 최고의 일등상을 줄 텐데, 하고 생각했던 기억이 납니다.

어쩌면, 아마도 틀림없이, 녀석은 그날 어른들에게 꾸중까지는 아니더라도 따끔한 충고를 들었을 겁니다. 그러는 게 아니라고, 그렇게 제 밥도 찾아먹지 못해서야 이 험한 세상을 어떻게 살 작정이냐고, 다시는 그러지 말라고!

하지만, 그 장면이 제 머리에서 지워지지 않고 이처럼 선명하게 남아 있는 것을 보면, 다른 사람은 몰라도 저에게만은, 그날 두 아이가 하느님의 메시지를 전해준 천사들이었음이 분명합니다. "보아라, 아름답지 않느냐? 저렇게 살아라. 저렇게 살 수 있다. 저렇게 살아야 그게 사람이다."

주님의 도우심과 이끄심으로 저는 아직까지 누구와 무엇을 놓고 다투거나 겨룬 적이 없습니다. 모르지요, 저도 모르게 그런 적이 있었는지, 그건 모를 일입니다만, 무슨 장長 자리를 놓고 겨루거나 무슨 상을 타려고 상대와 겨루어본 기억이 없어요. 천행天幸이라고 생각합니다.

대통령 김영삼 씨가 '우루과이 라운드'를 당면하여 "바야흐로 세계는 무한경쟁 시대에 접어들었다"고 선언했을 때 저는 머리가 어지럽고 구역질이 나더군요. 그 말이 틀렸기 때문이 아니라 오히려 상황을 적절히 표현했다고 생각했기 때문입니다. 경쟁도 그냥 경쟁이 아니라 무한 경쟁이라니! 도대체 나보고 어쩌란 말인가?

그 무렵 어느 재벌 총수가 텔레비전에 나와서 일등 아니면 죽는다고, 일등만이 살아남는다고 열변을 토할 때 저는 단단히 결심을 했습니다. '그래? 그렇다면, 당신 말대로 일등 한 놈만 살아남는 그런 세상이라면, 나는 이 지구에서 뛰어내리겠다. 그런 세상이라면 한시도 머물고 싶지 않다!'

하지만 저는 지구에서 뛰어내리지 않았고 여태껏 이렇게 잘 살고 있습니다. 그것은 일등만 살아남는 세상을 제가 용납했기 때문이 아니라, 본디 그런 세상은 없는 것이었기 때문입니다.

겨루지 않고서도 얼마든지 살 수 있다고, 아니, 서로 겨루지 않는 가운데 있는 사람이 없는 사람에게 나누어주고 강한 사람이 약한 사람을 붙들어주는 거기에 진정한 평화와 기쁨과 인생의 보람이 있다고, 그것을 네 몸으로 실험해보고 네 삶으로 증명해보이라고, 30년쯤 전 어느 청명한 가을날 두 꼬마 천사를 시켜 주님은 저에게 하늘 계시를 내려주셨던 것입니다.

예수 혁명

「루가복음」 15장에 기록되어 있는 저 유명한 '탕자 비유'는 방탕한 아들을 주인공으로 보는 관점이 보편적이겠습니다만, 아버지를 주인공으로 놓고 보면 그 속에 매우 놀라운 메시지가 숨어 있음을 알게 됩니다. 어쩌면 예수님은 바로 이 메시지를 전하기 위해서 이 비유를 만드신 것 아닐까 하는 생각이 들 정도예요.

제가 말하는 놀라운 메시지란, 당시 사람들로서 상상조차 할 수 없었을 '이상한 하느님'에 대한 소식입니다. '탕자 비유'의 아버지가 바로 그 이상한 하느님이 어떤 분인지를 보여주고 있지요.

작은 아들이 제 몫의 재산을 달라고 했을 때 아버지는 말없이 재산을 갈라 두 아들에게 나누어주는데, 그것을 어디에 어떻게 쓰겠느냐고 묻지도 않습니다. 당신의 뜻이란 아예 없다는 듯이 행동하지요. 그가 한 일이 있다면, 아들이 뜻을 이룰 수 있도록 해준 것뿐입니다. 아버지가 재산을 갈라서 나눠주지 않았다면 그가 무슨 수로 제 뜻을 이룰 수 있었겠어요? 여기서 아들과 아버지의 관계는 능동과 수동의 관계입니다. 아들이 능동이고 아버지는 수동이지요. 아들은 무엇을 하겠다는 쪽이고 아버지는, 그 일이 어떤 결과를 빚을지 뻔히 알면서도, 아들이 원하는 대로 들어주는 쪽입니다.

모세를 통해 이스라엘을 구원하신 하느님, 당신 뜻을 어김없이 이루시는 하느님, 몸소 구름기둥 불기둥으로 앞서가시는 하느님에 익숙했을 당시 유대인들에게 탕자의 아버지가 보여준 하느님이 얼마나 이상한 하느님이었겠습니까?

그래도 그건 약과올시다. 더욱 알 수 없는 건, 재산을 몽땅 털어먹은 아들이 '죄인'의 몸으로 돌아왔을 때 보여준 아버지의 태도예요. 아들을 멀리서 본 아버지는 측은한 생각이 들어 달려가서 아들 목을 끌어안고 입을 맞추고 좋은 옷을 입히고 가락지를 끼워주고 신을 신겨주고 살진 송아지를 잡아 잔치를 베풉니다. 아들이 저지른 명백한 잘못에 대하여 받아 마땅한 벌을 내리거나, 벌주는 건 관두고 뭐라고 나무라거나, 그 많은 돈을 모두 어떻게 했느냐고 물어보는 일조차 없는 거예요.

뭐 이런 아버지가 다 있습니까? 집을 떠나서 무슨 짓을 어떻게 했든지 간에 돌아왔으니 됐다고, 그것만으로도 오히려 고맙다는 듯이, 지난 일에 대하여는 도대체 일언반구가 없는 겁니다.

법궤에 손 댈 자격이 없는 우짜가 땅에 굴러 떨어지려는 법궤를 붙잡았다고 즉석에서 죽이는 하느님, 당신의 종 모세에게 반기를 들었다는 이유로 코라와 다단과 아비람을 그 처자권속까지 산채로 땅에 묻어버리는 하느님, 당신 법에 복종하면 복을 주겠지만 불복하면 저주를 내리겠다고 약속하는 하느님, 그리고 그 약속을 빈틈없이 지키는 하느님, 그런 하느님에 익숙했을 유대인들에게, 탕자의 아버지가 보여준 하느님이 이해가 되었겠어요?

이해는커녕 예수의 비유 자체가 고약하고 괘씸한 신성모독으로 들렸을 것입니다.

인간의 타락과 범죄를 벌하지 않는다? 벌하는 건 관두고 나무라지도 않는다? 나무라는 건 관두고 과거를 따져 묻지도 않는다? 과거를 따지는 건 관두고 돌아와 준 게 고맙다는 듯, 신이 나서 잔치를 벌인다? 그런 말도 안 되는 괴물이 하느님이라고? 어떻게 감히 하느님을 그런 식으로 능멸할 수 있단 말인가?

이만하면 유대인 지도자들이 왜 예수를 살려둘 수 없었는지, 그 까닭을 충분히 짐작할 수 있을 것입니다. 그래요. 당시 보수적 유대인들에게 예수는 듣도 보도 못한 엉뚱하고 역겨운 하느님을 사람들에게 소개하고 퍼뜨리는 독버섯 같은 존재였던 겁니다.

그들로서는 지금까지 자기네가 알고 섬겨온 하느님과 정반대로 다른 이상한 하느님에 대한 예수의 혁명적 가르침을 도저히 수용할 수 없었을 거예요. 수용은커녕 그냥 두고 볼 수조차 없었겠지요. 인간의 범죄에 화를 내지 않는 하느님에 대하여 화가 나서 견딜 수 없었던 것입니다. 부모에게 잘못을 저지른 자식이 벌 받을 각오로 기다리는데, 누가 와서 부모가 벌을 주지 않는다고 말하자, 어디서 그런 터무니없는 소리냐고 화를 내는 꼴이지요. 이런 웃지도 못할 코미디가 어디 있습니까?

그런데, 참으로 딱하고 어이없는 일은 예수가 이 땅에 왔다 가신 지 2천 년 세월이 흘렀는데, 아직도 그가 일러준 새 하느님을 받아들이지 못하고 모세의 하느님, 잘하는 놈 상 주고 못하는 놈 벌주는 낡은 하느님에 갇혀서 괜한 번민과 고뇌로 괴로워하는 사람들이, 예수 이름을 부르는 그리스도인들을 포함하여, 인류의 절반이 아니라 절대다수를 차지하고 있다는 사실입니다.

언제쯤이나 인류는 성취된 예수 혁명을 축하할 수 있을까요?

아브라함의 잘못

아브라함은 유대인들이 조상으로 모시는 인물입니다. 누가 만일 아브라함을 비판한다면 유대인들은 자기네가 비판당한 것처럼 저항할 것입니다. 그런 아브라함의 실수라 할까 과오라 할까 아무튼 좋은 결과를 가져오지 못한 행실이 유대인들의 성경에 그대로 기록되어 있습니다. 의도한 바는 아닐는지 모르나 사실이에요. 물론, "이렇게 해서 우리 조상 아브라함이 실수를 저질렀다"는 언급은 아무데도 없지만.

아브라함은 조카 롯과 함께 고향을 떠나 낯선 곳을 이리저리 떠돌아다닌 끝에 "가축과 은과 금을 많이 가진 부자"가 되어 가나안 땅 어디쯤에 정착합니다. 그런데 그곳은 두 사람에게 살 만한 곳이 못되었어요. 땅이 척박하거나 환경이 나빠서가 아니라 "그들이 지닌 재산이 너무 많아서 도저히 함께 살 수가 없었다"는 것이 성경에 기록된 이유입니다. 무슨 말일까요? 땅에서 나는 물의 양은 한정되어 있는데 그것을 마시고 살아야 하는 가축들의 수가 너무 많았던 거예요. 그러니 자연 두 집안 목자들 사이에 다툼이 벌어질 수밖에요.

아브라함은 이 문제를 해결해야 했습니다. 그래서 롯에게 말하지요. "너와 나는 한 골육이 아니냐? 네 목자들과 내 목자들이 서로 다투어서야 되겠느냐? 네 앞에 얼마든지 땅이 있으니 따로 나가서 살림을 차려라. 네가 왼쪽을 차지하면 나는 오른쪽을 가지겠고 네가 오른쪽을 원하면 나는 왼쪽을 택하겠다."

네가 좌하면 나는 우하겠고 네가 우하면 나는 좌하겠다! 참 근사하게 들리는 말입니다. 조카에게 우선권을 주어 그가 차지하고서 남은 땅을 자기가 가지겠다는 얘기 아닙니까? 결국 롯은 좀더 기름져 보이는 요르단 분지를 차지하기로 하여 그리로 옮겨갔고 아브라함은 가나안에 남지요.

그런데, 그렇게 해서 문제가 모두 해결되고 두 집안이 행복하게 잘 살았다면 얼마나 좋겠는가만, 결과가 그렇지 못했습니다. 롯은 기름진 땅의 여러 도시를 두루 거쳐 마침내 소돔에 정착했고 소돔이 고모라와 함께 멸망할 때 가까스로 몸만 빠져나와 아내는 죽고 살아남은 두 딸과 어느 이름 모를 동굴에서 구차스레 목숨을 이어가는 처량한 신세가 되고 말지요. 무엇이 그를 그런 지경으로 몰았던 것일까요? 혹시, 기름져 보이는 땅을 숙부에게 양보하고 자기가 나머지 땅을 가졌더라면 결과가 어찌 되었을는지 모를 일이나, 그러면 롯 대신 아브라함이 소돔에서 패가망신할 가능성을 피할 길이 없습니다.

게다가, 네가 좌하면 나는 우하고 네가 우하면 나는 좌하겠다는 말이 언뜻 보면 양보의 미덕을 두루 갖춘 꽤 근사한 말로 보이지만 자세히 들여다보면 윗사람으로서 아랫사람에게 할 말이 아니지요. 네가 어느 쪽을 택하든지 그로써 생기는 결과에 대한 책임은 모두 너에게 있다는 말이니까요.

그러면 아브라함은 어떻게 해야 했을까요? 성서는 직답을 피하고 그 대신, 이런 방식의 해결책은 결코 바람직한 것이 못되었다고, 말없이 말합니다. 이제 우리는 그 말없는 말에 귀 기울여, 아브라함의 잘못을 되풀이하지 말라는 성서의 메시지를 알아들을 때가 되었습니다.

아브라함은 한정된 수량으로도 사이좋게 살 수 있도록 가축 수를 줄일 생각을 못했습니다. 가진 것을 조금만 줄이면 조카와 다투지 않고 얼마든지 사이좋게 살아갈 수 있다는 지극히 단순한 진실을 몰랐던 것입니다.

비만과 전쟁하는 시절이 되었다고들 합니다. 체중을 조금만 줄여도 얼마나 행복하게 건강하게 살 수 있는지를, 비만을 겪어보지 않은 사람은 모릅니다. 바야흐로 인류는 풍요가 축복이 아니라 자신의 생존을 위협하는 재앙임을 몸으로 느끼게 되었습니다. 우습고 반가운 일이올시다.

아름다운 것은 작은 것인가?

작은 것이 아름답다고요? 좋습니다. 그건 그렇게 말하는 사람의 자유지요. 그러니 그렇게 말하는 데 대하여 시비를 따질 건 없겠습니다.

그러나 이건 물어보지 않을 수 없네요. "작은 것이라는 게 과연 있는가? 있으면 어디에 있는가?"

생각해보면 금방 알 수 있습니다. 세상에 '작은 것'은 없어요. 무엇을 보고 작다고 생각하는 사람이 있을 뿐이지요. 같은 물건이 보는 사람에 따라서 작을 수도 있고 클 수도 있고, 크지 않을 수도 있고 작지 않을 수도 있습니다.

작은 것은 큰 것을 전제합니다. 동이 없으면 서가 없고 서가 없으면 동이 없듯이, 작은 것이 없으면 큰 것이 없고 큰 것이 없으면 작은 것이 없지요. 따라서 작은 것을 인정하면 큰 것이 인정되고 큰 것을 부정하면 작은 것이 부정됩니다.

아름답다는 말도 그래요. 더럽다거나 아름답지 않다는 말이 없으면 아름답다는 말도 있을 수 없습니다.

그러니, "작은 것이 아름답다"는 말은 자기 눈에 작게 보이는 어떤 것이 아름답게 보인다는 발언 그 이상도 이하도 아니올시다.

그래도, 작은 것은 있습니다. 어디에 있나요? 작은 것은 물건에 있지 않고 그것을 작다고 말하는 사람한테 있습니다. 아름다움 역시 사물에 있지 않고 그것을 아름답다고 말하는 사람한테 있습니다.

그러므로 문제는, 누가 왜 "작은 것이 아름답다"고 말하는가? 그것이 문제입니다.

괜히, 터무니없는 말을 하는 사람은 없습니다. 정신에 이상이 있으면 혹시 그럴 수 있겠지만, 슈마허 E. F. Schumacher가 자기 책 이름을 『작은 것이 아름답다』로 지었을 때에는 그렇게 지어야 했던 이유가 틀림없이 있었을 것입니다.

누가 멀쩡한 정신으로 "작은 것이 아름답다"고 말한다면 그 말이 있기 전에 다른 말이 있었던 거예요. "큰 것이 좋다", "클수록 아름답다", "작은 것은 좋지 않다", 뭐 이런 말이 먼저 있었기에, "작은 것이 아름답다" 또는 "작을수록 좋다"는 말을 하는 것이지요.

그러므로 "작은 것이 아름답다"는 말은 큰 것을 선호하고 클수록 좋게 평가하는 그릇된 사조에 대한 반성 또는 저항인 것입니다. 그것은, 조금

더 들여다보면, 오늘 이 세계를 지배하고 있는 힘의 논리("강한 자가 약한 자를 다스리는 것이 마땅하다!")에 대한 저항이에요.

실제로 아름다운 것은 작은 것이 아닙니다. 물론 큰 것도 아니지요. 작은 것도 큰 것도 없는 것이기 때문입니다. 있지도 않은 것이 어떻게 아름다울 수 있겠어요?
아름다운 것이 있다면 그것은 적절한 것입니다. 크지도 않고 작지도 않고, 알맞게 크거나 알맞게 작은, 그것이 아름답습니다. 그 밖의 것은 모두 아름다운 게 아니에요. 너무 작은 것은 너무 큰 것과 마찬가지로 아름답지 않고 좋지도 않습니다.
그런 줄 알면서도 "작은 것이 아름답다"고 굳이 말하는 이유는, 큰 것을 선호하고 클수록 좋다고 생각하는 시대적 착오를 교정하기 위해서입니다. 그렇게 하여 결국 개인적, 집단적 균형을 찾기 위해서지요. 거기에 참된 선善과 미美가 있기 때문입니다.

이것은 오늘 우리 시대의 사정만이 아닌 듯합니다. 나라마다 강병대국을 꿈꾸고 천하통일 대제국을 지상낙원인 양 생각하던 시절에, 소국과민 小國寡民을 유토피아로 그리는 사상가가 있었으니, 중국의 노자가 그 사람입니다. 그가 그리는 이상향은 많은 백성이 사는 큰 나라가 아니라 적은 백성이 사는 작은 나라였습니다. 얼마나 작은가 하면 국경 너머에 사는 사람을 육안으로 볼 수 있고 이웃 나라 닭 울음소리가 들릴 정도지요. 그런데도 모든 것이 나라 안에 넉넉하여 굳이 남의 나라 땅을 밟지 않고서도 한평생을 살 수 있습니다.

그런 생각을 하고 있으니 강병대국을 꿈꾸는 정치가들에게 환영받았을 리가 없지요. 대중 또한 그를 환영하지 않았습니다. 그것은 그의 말이 엉터리없고 터무니없는 헛소리라서가 아니라 자기네 허점을 너무나도 아프게 찌르는 참말이었기 때문입니다.

오늘도 마찬가지입니다. 주변 강대국들 눈치를 살피지 않고서는 생존 자체가 불가능해지는 서글픈 나라에 살면서 "작은 것이 아름답다"고 말하려면 정치가들의 경멸과 대중의 외면을 각오해야 할 것입니다.

정초에 품는
내 낙관의 이유

갑신년(1944년)에 태어났으니 내 나이 이제 예순 살입니다. 요즘은 춘추 일흔쯤은 되어야 생일잔치를 하지 회갑은 아예 기념할 생각도 않는 이른바 고령화 시대입니다. 그러니 하물며 육순 따위, 어디 명함이나 내밀겠습니까?

그렇지만, 세상 물정이야 어떻든 나로서는 60년 세월을 이 땅에서 목숨 부지하고 살아왔다는 사실이 대견스럽기조차 하군요.

나는 해방 바로 전해에 태어났습니다. 일본제국이 패전을 앞두고 말하자면 최후의 안간힘을 쏟아 전쟁에 몰두할 때였고 따라서 물자는 궁핍 정도가 아니라 아예 바닥이 날 지경이었지요. 내가 외갓집에서 태어났을 때, 땅마지기깨나 가지고 동네 부자 소리를 듣던 외할아버지가 몸 푸는 딸에게 미역국 한 그릇 먹이려고 여러 장을 돌아다니며 고생한 끝에 가까스로 미역 한 줄기 구해 오셨다는 이야기를 들었습니다.

해방이 되자 삼천리강산은 잠깐 동안 만세와 환희의 물결로 뒤덮였지만 이내 좌우익 갈등과 투쟁의 어둠에 묻혀 집단적 광기 속으로 빠져 들어갔습니다. 그 무렵 남과 북의 정치판을 장악한 것은, 국토를 갈라서라도 자기네 이념에 따라 운영되는 나라를 수립하겠다는 세력이었고, 그 결과 서울에 이어 평양에 단독 정부가 섰지요. 그럼으로써 남은 것은 내전으로 가는 길밖에 없는 딱한 사정이 되었고 마침내 육이오 전쟁의 비극이 한반도를 삼켰던 것입니다.

일곱 살이던 나는 어른들과 함께 피난이라는 것을 하면서 시커먼 밀기울 개떡으로 끼니를 때워야 했습니다. 그러면서도 형과 나는 손바닥을 뒤집었다 엎었다 하면서 우리가 '쌕쌔기'라고 이름 붙인 미군 폭격기 시늉을 내며 놀았습니다.

지주였다는 죄목으로 외할아버지는 맞아서 숨을 거두었고, 나는 그분의 장례가 가족들의 분노와 슬픔 속에 소리 없이 치러지는 것을 보았습니다.

집집마다 깊은 상처를 안겨주고 전쟁이 휴전 상태로 끝나자, 나는 학교에 들어갔지요. 플라타너스 나무 아래 가마니를 깔고 앉아 "서편에 달이 호숫가에 질 때에……"를 풍금도 없이 배웠습니다. 그 노래 한 곡을 반쯤 가르쳐주고 성이 호 씨인 처녀 선생님은 어디론가 가버렸어요. 아이들은 선생님이 시집을 갔다고 했지요.

가난하고 궁핍한 시절이 이어졌습니다. 나와 형은 제재소에 가서 나무껍질을 벗겨다가 땔감으로 써야 했고 아버지는 결핵에 영양실조로 서른여섯 나이에 세상을 떠나셨습니다.

이어서, 군사 혁명과 독재와 반독재 투쟁과 민주화운동으로 도무지 평화스럽고 따스한 기운이라고는 찾아볼 수 없는 살벌하고 음습한 세월의 연속이었습니다.

밝고 희망찬 한 해를 내다보아야 할 정초에 나는 시방 무슨 청승맞은 옛날 얘기로 아까운 지면을 메우고 있는 것일까요? 사실은 그게 아닙니다. 나름대로 어둡고 힘든 시절을 살아왔기에 나는 요즘 밝고 가벼운 세상의 전개를 내다보면서 뭐라고 말할 수 없는 낙관樂觀을 품습니다. 그 얘기를 하고 싶었을 뿐이에요.

작년에 우리는 월드컵과 대통령선거와 두 여학생의 죽음을 애도하는 촛불시위라는 큼지막한 국민적 행사를 치렀습니다. 그 세 가지 '사건'의 공통점이 있다면 모두가 십대 이십대 청소년들의 깨끗한 에너지가 결집되면서 이루어졌다는 점입니다. 위에서 아래로 지시를 해서 그대로 따르는 방식이 아니라, 아래에서 올라오는 에너지를 위에서 수용하는 방식으로 치러진 것입니다. 그리고 그것을 가능케 한 힘은 전자공학의 첨단이라 할 텔레비전과 컴퓨터를 통해서 왔지요.

정보를 어느 개인이나 집단이 사유私有할 수 없는 시절이 되었다는 사실만 해도 가슴 벅찬 일이 아닐 수 없습니다. 뒤가 지저분하거나 켕기는 구석이 많은 사람은 대통령도 장관도 할 수 없는 시절이 되었어요. 권력이나 재물을 많이 가진 사람이 권력이나 재물을 많이 가졌다는 이유만으로 우러러보이거나 부러움을 사는 시절도 이젠 끝났습니다. 어찌, 지금까지보다 더 밝고 명랑한 세상으로 나아가지 않을 수 있겠습니까? 어떻게 음모와 공작과 폭력이 어지럽게 얽혀 돌아가는 '어둠의 세월'이 지속될 수 있겠어요? 그건 이제 불가능한 일이 되고 말았습니다. 그래서 나는 시방 누가 뭐래도 가슴 설레는 낙관으로 내 육순을 맞고 있는 것입니다.

사람 하나 없어서

　옛날, 상주군 함창에 있는 못은 비가 좀 많이 오면 둑이 끊어져서 근처에 사는 마을 사람들 피해가 컸다. 이 못 둑은 어떻게 된 일인지 아무리 튼튼하게 쌓아올려도 비가 좀 많이 오면 끊어져서 마을 사람들의 큰 두통거리가 되어 있었다.
　어느 해 여름, 비가 많이 오자 못 둑이 끊어져서 어떻게 하면 끊어지지 않게 쌓을 수 있을까 하고 고심을 하고 있을 즈음, 하루는 어디서인지 보지 못하던 중이 마을에 나타나 집집마다 시주를 다니다가 이야기를 듣고서 '그 못 둑을 끊어지지 않게 하려면 산 사람을 세워놓고 그 위에 둑을 쌓아 올리면 이후로는 절대로 끊어지지 않을 것이오' 하고 가버렸다.
　이 말을 들은 마을 사람들은 이구동성으로 '그렇게 하여 끊어지지 않는다면 그렇게 해봅시다'라고 말하였으나 문제는 둑을 쌓아올리는

데 사람기둥으로 설 사람이 없어, 며칠을 보내고 있던 어느 날의 일이었다. 전날의 중이 또다시 나타나 '사람기둥으로 설 사람이 없으면 내가 서지요' 하는지라 동네 사람들은 모두 '그렇게 해주시오. 그거 좋습니다' 하고 대찬성으로 즉시 그 중을 사람기둥으로 세워 놓고 쌓아 올렸다고 하는데, 그 후로는 아무리 비가 억수같이 퍼부어도 못 둑이 끊어지는 일은 없었다고 한다.

이상은 민속학자 석천石泉 최상수崔常壽 선생의 『한국민간전설집』(통문관, 1954년 초판)에 실려 있는 상주 함창 공갈못 전설입니다. 어느 나라 어느 민족이든 전해 내려오는 민담과 전설이 있게 마련이지요. 그 이야기들 가운데 깊은 철학과 건강한 가르침을 담은 걸작들이 많습니다.

위의 공갈못 전설에는 도무지 어떻게 해결할지 알 수 없는 난감한 현실 앞에서 속수무책으로 걱정만 태산 같은 사람들이 등장합니다. 비만 좀 내렸다 하면 못 둑이 끊어져 마을이 물난리를 겪는데 아무리 공들여 쌓아도 소용이 없습니다. 하늘에서 내리는 비를 막을 수도 없고, 비만 내리면 끊어지는 못 둑을 어찌 할 것인가? 이 난감한 현실에 "어디서인지 보지 못하던" 한 인간이 나타납니다. 무슨 고상한 이름을 지닌 '큰 스님'도 아니고 '대사님'도 아니고 그냥 '중'이에요. 물론, 이름도 모릅니다. 그가 뜬금없이 나타나서는 난감한 문제를 풀어낼 말 한마디 툭 던지고 사라지는데, 문제를 푸는 열쇠가 '사람 하나'에 달려 있다는 것입니다.

쌓아도 쌓아도 무너지는 둑을 두 번 다시 무너지지 않게 하려면, 사람 하나를 기둥으로 세우고 그 위에 둑을 쌓으면 된답니다. 돌이 모자라서도 아니고 흙이 나빠서도 아니고 둑 쌓는 기술이 서툴러서도 아니에요. 사람 하나가 없어서, 네가 이익을 보기 위해 누군가 손해를 봐야 한다면 내 기꺼이 그 몫을 치르겠다는 사람 하나가 없어서, 너를 살리기 위해 누군가 죽어야 한다면 내 기꺼이 죽겠다는 사람 하나가 없어서, 그래서 쌓아도 쌓아도 무너지는 못 둑의 난감한 현실이 계속되는 것이라는 얘기올시다.

마을 사람들은 뜨내기 중한테서 문제 해결의 열쇠를 얻었지만 여전히 속수무책입니다. 아무도 사람기둥이 되겠다고 나서지 않았기 때문이지요. 서로 상대방 얼굴을 바라봅니다. 누구를 희생양으로 삼을 것인가? 노려보는 눈길에 살기마저 맴돌기 시작합니다. 바로 그때, 다시 등장하는 한 사람, 이름도 모르는 며칠 전의 그 뜨내기 중입니다. 그가 사람들에게 말합니다. "사람기둥으로 설 사람이 없으면 내가 서지요." 마을 사람들이 모두 찬성하여 그를 사람기둥으로 세우고 둑을 쌓으니 두 번 다시 무너지지 않았다는군요!

지식인들이 상화하택上火下澤이라는 넉 자로 올 한해를 정리했다는 소식입니다. 불 아래 연못이 있으니 물은 많아도 소용이 없습니다. 뭔가 시끄럽기만 하고 도무지 되는 일이 없어 가만히 보니까 서로 서로 등을 지고는 네 탓이라고, 너 때문이라고, 삿대질만 하더라는 얘기지요. 글쎄, 그 낯선 문자를 골라낸 지식인들 본인께서는 온통 시끄럽기만 하고 아무 결과도 없는 연못 위의 불길에 과연 책임이 없는지 모를 일이나, 오늘 이 땅에 그 한 사람 예수의 추종자를 자처하며 살아가는 나의 부끄러움과 곤혹스러움에 비한다면 아무것도 아닐 것입니다. 정말이지, 몸 둘 바를 모르겠습니다.

평화가 길이다

    디팩 초프라Deepak Chopra는 인도 태생으로 현재 미국에서 의사 일을 하며 명상수련에 관계된 저술을 많이 내놓은 사람입니다. 그가 올봄에 『평화가 길이다(Peace Is The Way)』라는 제목으로 책을 냈습니다. "평화가 길이다." 이 말은 마하트마 간디가 한 말인데 간디는 그 말을 하기 전에 "평화로 가는 길은 없다"고 말합니다. 평화가 저만큼 있어서 사람이 그리로 갈 수 있고, 가야 하는, 그런 길은 없다는 얘기지요. 내가 지금 여기에서 평화롭게 존재하는 것, 그것이 평화로운 세상을 만드는 유일한 길이라는 뜻이기도 합니다.

    이 땅에 사는 사람 누구를 붙잡고 물어봐도, 평화는 싫고 전쟁이 좋다고 대답할 사람은 아마 없을 것입니다. 있어도 정신이 이상해진 극소수 사람이나 그렇게 대답하겠지요. 그런데 어째서 인류는 거의 날마다 전쟁을 일으키고 수많은 전쟁 속에서 비참하게 죽어가는 것일까? 초프라는 이런 질문으로 책머리를 열고 스스로 대답하는데, 인류가 전쟁을 계속하고 있는 까닭은 전쟁을 하지 말아야 한다고 생각하는 사람들보다 전쟁을 해야 한다고 생각하는 사람들의 수가 더 많기 때문이라는 것입니다.

미국이 이라크 전쟁을 벌이려고 할 때 세계 여론은 전쟁 반대로 기울었지만 결국 부시 대통령은 발포를 명령했습니다. 그것은 미국 대통령으로서 당연한 결정이었어요. 당시 전쟁을 반대하는 미국인들보다 전쟁을 지지하는 미국인들의 수가 압도적으로 많았기 때문입니다. 유권자들의 표를 존재 기반으로 삼는 정치인으로서 다수의 뜻에 따라 움직이는 것은 하나도 이상한 일이 아닙니다.

전쟁은 반전운동을 수반합니다. 그러나 반전운동이 전쟁을 막아본 적은 한 번도 없습니다. 무엇에 대한 반대는 무엇이 먼저 있은 뒤에 생겨나는 것이고 여기에 반전운동의 근본적 한계가 있습니다. '반反(anti)'으로는, 그 뒤에 무엇이 붙든 간에, 그것이 반대하는 바를 이기지 못합니다. 오사마 빈 라덴의 자살 테러는 그가 말하는 미제국의 테러 행위를 막지 못하고, 부시의 반 테러 전쟁은 그가 말하는 악질분자들의 테러 행위를 막을 수 없습니다. 폭력을 이기는 힘은 반反폭력에 있지 않고 비非폭력에 있습니다.

초프라는 반전운동과 국제 적십자사를 비롯한 인본주의적 시민단체들의 방식이 지닌 한계를 지적하면서, 한 번에 한 사람씩(one person at a time) 평화꾼(peacemaker)으로 변화시키는 방식을 대안으로 제시합니다. 어찌 보면 부지하세월이라 너무나 막연한 시도처럼 보이겠지만, 전쟁이란 칼이 하는 것도 아니고 대포가 하는 것도 아니고 결국은 사람이 하는 일인지라 사람을 바꿔놓지 않고서는 전쟁을 끝장낼 다른 무슨 방도가 없다는 거예요.

그렇게 하나씩 둘씩 평화꾼으로 바뀌다보면, 전쟁을 지지하는 사람들보다 전쟁을 반대하는 사람들의 수가 많아질 수밖에 없다는 것이 초프라의 계산입니다. 해가 지구를 도는 것이 아니라 지구가 해를 돈다는 사실이 밝혀졌을 때, 천동설을 신봉하던 자들이 하나씩 둘씩 지동설 쪽으로 넘어와 어느 순간 임계대중(critical mass)을 형성하면서 지동설이 일반 상식으로 통하게 됐듯이, 하나씩 둘씩 생겨난 평화꾼들도 언젠가는 전쟁 자체가 불가능한 새로운 세상을 여는 임계대중으로 역사의 지평에 등장할 것이라는 얘깁니다. 그는 그날이 예상보다 빨리 다가올는지도 모른다고 전망하더군요.

전쟁꾼들보다 평화꾼들의 수가 늘어날 수밖에 없는 이유는, 전쟁꾼들의 바탕이 실상實相에 대한 무지無知인 반면 평화꾼들의 바탕은 실상에 대한 깨달음인데, 밀가루 반죽이 빵으로 될 수 있듯이 모르는 자가 깨달을 수는 있지만, 빵이 밀가루 반죽으로 될 수 없듯이 깨달은 자가 다시 모르는 자로 될 수는 없기 때문입니다.

초프라가 제안하는 방법의 중요한 가치가 하나 더 있습니다. 비록 원하는 목적(전쟁 없는 세계 건설)의 성취를 눈으로 보지 못하고 죽는다 해도 일생을 평화꾼으로 살았다는 긍지와 보람을 본인에게 안겨준다는 것이 그것입니다.

평화에 대한 갈증만큼 깊은 좌절과 실의를 안겨주는 오늘의 현실에서, 귀 기울여 들어볼 만한 제안이 아닐 수 없습니다.

종교와 배타

나는 학계에서 종교다원론을 어떻게 설명하고 있는지 잘 모릅니다. 그러나 이 세상에 종교들이 여럿 있다는 사실을 인정하고 그 현실을 적극적으로 수용하여 인류 공존과 평화의 길을 모색하자는 것이 종교다원론이라면, 나는 기꺼이 종교다원론자가 되겠습니다. 그것이 혹시 내가 속해 있는 기독교의 어떤 교리를 어기는 것이라 해도, 한 종교의 '교리'보다 내가 믿는 '진리' 쪽에 서기를 망설이지 않을 것입니다. 지금 내가 진리로 알고 있는 것이 나중에 진리 아닌 것으로 판명된다 해도 결론은 마찬가집니다. 내게 중요한 것은 지금 여기에서 나에게 진리인 바를 좇아 살아가는 것이니까요.

기독교 아닌 다른 종교를 배타하며 경우에 따라 전쟁도 불사하는 기독교 신자로 남든지, 다른 종교인들을 형제로 여기고 그들과 싸우지 않는 값으로 기독교 신자의 자격을 박탈당하든지, 둘 가운데 하나를 선택해야 한다면 기꺼이 후자를 택하겠습니다. 왜냐하면 나는 기독교 신자이기 전에 사람이고, 따라서 사람답게 사는 것이 기독교 신자답게 사는 것보다 더 근본적이고 중요한 내 인생의 과제라고 생각하기 때문입니다. 제 스승이신 예수께서는 안식일이 사람을 위해 있는 것이지 사람이 안식일을 위해 있는 것은 아니라고 말씀하셨지요. 안식일 대신 기독교를 넣어도 말이 된다고 나는 믿습니다. 기독교가 사람을 위해 있는 것이지 사람이 기독교를 위해 있는 것은 아닙니다.

앞에서, 사람답게 사는 것이 기독교인답게 사는 것보다 더 근본적이고 중요하다고 했는데, 기독교인답게 사는 것과 사람답게 사는 것이 서로 다르다는 뜻으로 한 말은 결코 아니올시다. 간혹, 다른 종교를 배타하는 것이 기독교인의 의무인 양 주장하고 가르치는 '교회들'이 있기에, 그래서 그런 말을 한 거예요. 다른 종교를 배타해야 한다고 가르치는 기독교는 한 분 하느님을 믿는 기독교가 아니라고 봅니다. 진실로 한 분 '하나님'을 믿는다면 다른 종교를 배타할 수 없기 때문입니다.

우리는 두 가지 의미로 '하나'라는 말을 씁니다. 하나, 둘, 셋, 하고 수를 헤아릴 때 쓰는 하나는 상대적인 하나입니다. 이 하나에는 하나 아닌 다른 것들이 무수하게 있을 수 있지요. 그런데, 존재하는 모든 것을 한 데 모으면 옹근 '하나'가 되고 그 '하나'에는 상대할 만한 다른 무엇이 있을 수 없습니다. 그래서 절대적인 하나지요. 절대적인 하나에는 '바깥'이 없어요. 모든 것이 그 속에 들어 있어서 존재하는 하나니까요.

기독교인들이 믿는 하느님은 상대적인 분이 아니라 절대적인 분입니다. 만일 하느님 밖에 무엇이 따로 있다면 그 하느님은 상대적인 존재가 되고 따라서 기독교가 가르치는 하느님은 아닌 겁니다.

　나는 기독교인이므로 하느님을 믿습니다. 하느님을 믿는다는 말은 그분 앞에서 어느 것도 타他일 수 없는 절대적인 하느님 안에 머무른다는 말입니다. 그러니, 기독교인에게는 타他가 있을 수 없는 것입니다. 따라서 배타도 있을 수 없지요. 타가 있어야 배타를 할 것 아닙니까? (그런 뜻에서 나의 종교다원론은 종교일원론의 다른 이름입니다.) 기독교인이 무엇에 대하여 배타를 한다면 그것은 자신의 정체성을 스스로 부정하는 일이 아닐 수 없습니다.

　'종宗'이 꼭대기 또는 바닥이라는 뜻이니 꼭대기 가르침 또는 바닥 가르침이 '종교宗敎'라는 말인데, 그렇다면 가장 높은 자리 또는 가장 낮은 자리로 올라가든지 내려가는 것이 종교인의 길이라 하겠습니다.

　산행山行을 해본 사람은 알겠지만, 높이 올라갈수록 눈에 들어오는 세계가 넓어집니다. 바야흐로 산꼭대기에 서면 온 천하가 품에 들어와 안기지요. 천상천하유아독존의 자리가 바로 그 자리입니다. 그러나 기슭에 서면 저쪽 등성이 너머도 보이지 않고 이쪽 언덕 너머도 보이지 않습니다. 그만큼 눈에(품에) 들어오는 세계가 좁은 거예요. 종교인이란, 복잡하고 천박한 앎에서 단순하고 드높은 앎으로 옮겨가는 사람을 말합니다. 따라서 가장 높은 곳에 올라서본 사람이 아니면 일컬어 종교 지도자라는 이름으로 행세할 수 없는 것입니다.

　그런데, 오늘 한국 기독교의 현실은 어떠합니까? 내 눈에는 단순하고 드높은 가르침으로 신자를 이끄는 지도자들은 좀처럼 보이지 않고 오히려 틀에 박힌 가르침으로 신자들을 기슭에 붙잡아두려는 자들이 자칭 지도자로 행세하는 모습만 보이니, 이 또한 나의 좁은 시야 탓일까요?

기독교 안에도 구원은 있다

"기독교 밖에도 구원이 있다"고 말했다가 시비에 휘말려 결국 한국 감리교에서 출교당한 스승 변선환 교수에게 한번은 이런 말을 한 적이 있습니다. 당신에 대한 교단의 재판이 막바지에 이르렀을 무렵으로 기억됩니다.

"선생님, 같은 말도 아-해 다르고 어-해 다른 법인데, 왜 하필 '기독교 밖에도 구원이 있다'고 해서 이런 시비에 휘말리신 겁니까?"

"뭔 말이냐?"

"저 같으면 그렇게 말하지 않겠어요. 기독교 밖에도 구원이 있다니요? 그럼 기독교 안에 있는 사람들 기분 나쁠 것 아닙니까? 사촌이 땅을 사도 배가 아프다는데, 하물며 구원이라니요?"

"그럼, 넌 어떻게 말할 참이냐?"

"저라면, 기독교 안에도 구원은 있다고 말하겠어요."

"기독교 안에도 구원은 있다? 야, 거 말 되누나!"

우리는 한바탕 웃었지요. 그날은 그렇게 얘기가 끝났습니다.

스승이 목사직을 빼앗기고 교단에서 쫓겨난 몸으로 우리 곁을 떠나신 지 10년 세월이 넘은 오늘, 나는 상상 속에서 그날의 대화를 계속해봅니다.
"말이 될 뿐 아니라 그렇게 밖에는 말할 수 없는 거예요. 선생님이나 저나, '기독교 밖에도 구원이 있다'고 말해서는 안 되는 겁니다. 그런 말을 할 자격이 없으니까요. 선생님이나 저나, 평생 기독교 바깥으로 나가본 적이 없는데 어떻게 그런 말을 할 수 있단 말입니까? 미국이라는 데를 한 번도 가보지 못한 사람이, '미국에도 무궁화가 핀다'고 말할 수는 없잖아요? 정 말하려면 '미국에도 무궁화가 핀다더라' 또는 '미국에도 무궁화가 필 것이다' 또는 '미국에도 무궁화가 피면 좋겠다'라고는 할 수 있겠지요. 누가 '기독교 밖에도 구원이 있다'고 말하려면 그 사람은 기독교 안과 밖에 모두 있어 본 사람이어야 합니다. 기독교 안에 있다가 밖으로 나갔거나 기독교 밖에 있다가 안으로 들어온 사람만이 그런 말을 할 자격이 있는 거예요. 그러니 선생님께서는 '기독교 밖에도 구원이 있다'고 말씀하시는 대신 '기독교 밖에도 구원이 있을 것이다'라든가 '기독교 밖에도 구원이 있으면 좋겠다'라든가, 뭐 그렇게 말씀하셨어야지요. 그랬더라면 이 정도로 심하게 성토를 당하지는 않으셨을 것 아닙니까?
기독교 안에 있다가 밖으로 나갔든, 기독교 밖에 있다가 안으로 들어왔든, 그냥 몸만 들어왔다가 나갔다가 해서는 역시 그런 말을 할 자격이 없습니다. 기독교 안팎 모두에서 구원을 경험한 사람이라야 그렇게 말할 수 있지요. 기독교 바깥에서 구원을 경험하고 나서 기독교에 들어와 구원을 경험했든지 아니면 기독교에서 구원을 경험하고 나서 기독교 밖으로 나가 구원을 경험했든지, 그런 사람이라야 '내가 겪어본 바로는, 기독교 밖에도 구원이 있다'고 말할 수 있는 것 아니겠습니까? 선생님이나 제가 '기독교 밖에도 구원이 있다'고 말하려면, 기독교에 들어오기 전 기독교 바깥에서 구원을 경험하고 나서 기독교에 들어와 구원을 경험했든지, 아니면 기독교에서 구원을 경험한 다음 기독교 밖으로 나가 거기에서 구원을 경험했든지 둘 중에 하나여야 하는데, 사실 어느 쪽도 아니잖아요? 그러니 선생님이나 저나 그렇게 말해서는 안 되는 거지요."

"그러면, '기독교 안에도 구원은 있다'고 말할 수도 없는 것 아니냐?"

"그렇지요. 하지만 제 말은, 구원과 기독교를 연관지어 말하려면 그렇게 밖에는 말할 수 없다는 거예요. 저도 선생님도, '기독교 안에만 구원이 있다'고는 말할 수 없는 겁니다. 한 번도 기독교 밖으로 나가본 적이 없으면서, 그래서 기독교 바깥이 어떤지 구경도 못했으면서, 어떻게 기독교 안에만 구원이 있다고 말할 수 있습니까? 평생 대한민국 국경을 넘어본 적 없는 사람이 한국에만 무궁화가 핀다고 말할 수는 없잖아요? 선생님이나 저나 굳이 구원을 기독교에 결부시켜 말하려면 '기독교 안에도 구원은 있다'는 말밖에는 할 말이 없는 겁니다. '기독교 밖에도 구원이 있다'든가 '기독교 밖에는 구원이 없다'든가 '기독교 안에만 구원이 있다'는 말은 평생 기독교 안에서만 살아온 사람 입에서 나올 수 있는 말이 아니거든요."

"허, 그러니 내가 터무니없는 말을 괜히 한 셈이구만?"

"예. 괜한 말씀을 하셨어요. 사실 '구원'을 진짜로 경험한 사람이라면 그것이 여기 있다 저기 있다, 말할 수 없는 것 아닙니까? 예수님이 그러셨잖아요? 하느님 나라는 여기 있다 저기 있다 말할 수 있는 나라가 아니라고요. 사랑에 국경이 없듯이 구원에는 교경敎境이 없는 겁니다. 더군다나 기독교에서 말하는 구원이란 사람이 노력해서 이루는 것도 아니잖습니까? 그렇다면 그것은 하느님이 하시는 일이라는 말인데, 하느님이 하시는 일에 누가 무슨 경계를 어디에다가 설치한단 말입니까?

구원이 기독교 안에만 있다든가 밖에도 있다든가, 그런 말은 구원을 몸으로 경험한 사람 입에서 나올 수 있는 말이 아니라고 봅니다. 참으로 구원을 경험한 사람이라면, 그런 말을 가지고 옳거니 그르거니 하는 사람들 앞에서 연꽃 한 송이 들어 올리며 빙그레 웃기나 할까요?"

"하하하, 기분 좋다야! 우리 시원한 냉면이나 마시러 갈까?"

상상 속 대화는 이쯤에서 접고, 그리고 나는 괜히 말합니다.

"기독교 안에도 구원은 있다"고.

누가 묻지 않았는데 괜한 말을 하는 까닭은, 한 번도 기독교 바깥을 나가보지 않았다면서 "기독교 안에만 구원이 있다"든가 "기독교 밖에는 구원이 없다"는 말을 고집하며 자기와 다른 생각을 지닌 사람들을 핍박하는 것으로 보아, 참된 구원을 맛보지 못한 게 분명한 기독교인들이, 그것도 스스로 차지한 '지도층' 자리에, 우상처럼 버티고 앉아 있는 우습고 딱한 현실 때문입니다.

파도 그래프

라디오나 텔레비전에서 날마다 듣고 보는 뉴스들 가운데 주가 변동이라는 게 있습니다. 그날 하루 주식 값이 얼마나 올랐느냐 또는 내렸느냐를 알리는 것이지요.

세상에 태어나 단 한 장의 주식도 사본 적이 없고 아마 앞으로도 그렇게 살다가 죽을 저 같은 사람이야, 주가 변동에 무슨 관심이 있겠습니까? 사실 나스닥이니 뭐니 하는 단어도 그게 뭔지를 모르니, 이러고도 용케(?) 현대 자본주의를 살고 있다는 생각마저 드네요.

그건 그렇다 치고, 제가 시방 얘기하려고 하는 것은 텔레비전 화면으로 보여주는 주가 변동 그래프에 대해섭니다. 그걸 무슨 그래프라고 하지요? 선이 올라갔다가 내려갔다가 하는 그래프 말입니다. 어떻게 보면 가파른 산의 능선을 그린 것 같기도 하고, 출렁거리는 파도를 모나게 그린 것 같기도 한 도표 있잖아요? 초등학교 때 틀림없이 배웠을 텐데, 도무지 그 이름이 생각나지를 않는군요. 그래도 이쯤 말하면, 제가 무엇을 두고 이렇게 더듬는지 아시겠지요?

에라, 모르겠다. 그래도 얘긴 해야겠으니 임시로 '파도 그래프'라는 가명을 붙여봅시다.

날마다 텔레비전 화면에서 오르내리는 '파도 그래프'를 보며 아직까지 저는 가슴이 죄거나 맥박이 빨라져본 적이 한 번도 없습니다. 왜일까요? 그거야 저에게 사고 팔 주식이 한 장도 없기 때문이지요. 그러니 비비케이가 무슨 주가 조작을 했다느니 뉴욕 증권시장이 뭐 어떻게 됐다느니 하는 소리가 도무지 현실감 있게 들리지를 않는 겁니다.

파도가 아무리 심해도 그 아래 심연深淵에서 헤엄치는 고기들한테까지 겁을 줄 수는 없지 않겠어요? 산등성이 아무리 톱날처럼 험해도 산기슭 밭에서 김매는 농부의 호흡을 가쁘게 할 수는 없는 일입니다. 물론, 지금 그 파도 위에 떠 있거나 능선을 오르내리는 사람들에게는 사정이 전혀 다르겠지요.

오늘도 주가 변동에 신경을 곤두세우고 울었다 웃었다 하는 이들이 많이 있는 줄 압니다. 솔직히 그이들을 생각하면 부럽거나 안됐다기보다 미안한 생각이 먼저 듭니다. 왜냐하면 파도가 있어서 바다가 살고 능선이 있어서 산이 살듯이, 주가의 변동을 좇아 일희일비하는 이들이 있어서 시방 이 자본주의 세상이 살아 있는 것이고 덕분에 저 같은 '구경꾼'도 살아 있는 것임을 알고 있으니까요.

하지만, 여기서 한번 생각을 뒤집어봅시다. 정말 파도가 있어서 바다가 살고 능선이 있어서 산이 사는 걸까요? 정말 주가가 오르내려서 이 자본주의 세상이 안 없어지고 남아 있는 겁니까?

천만에요! 그건 아니지요! 누가 뭐래도, 바다가 있어서 파도가 있고 산이 있어서 능선이 있는 것이지, 그 반대는 아니올시다.

그러니, "파도가 있어서 바다가 살고 능선이 있어서 산이 살듯이, 주가의 변동을 좇아 일희일비하는 이들이 있어서 시방 이 자본주의 세상이 살아 있는 것이고 덕분에 저 같은 구경꾼도 살아간다"는 제 말은 마땅히 이렇게 바뀌어야 합니다. "톱날처럼 오르내리는 능선을 멀리 바라보며 밑바닥 기슭에서 밭을 가는 농부들, 언제나 고요하고 적막한 세상의 심연에서 묵묵히 자기 삶을 살아가는 사람들 덕분에 주가의 변동을 좇아 울고 웃는 이들이 살아가는 것이다."

평생토록 주식이라는 걸 한 장도 사보지 못한 사람들, 아니, 그런 게 있는 줄도 모르며 자기에게 주어진 일을 묵묵히 감당하는 사람들, 그들 덕분에 이 어지러운 세상이 오늘도 사라지지 않고 돌아가는 것입니다.

그렇다고 해서 뭐 누가 잘 살고 누가 못 산다는 그런 얘기를 하자는 게 아닙니다. 주가의 변동에 일희일비하는 이들이나, 그런 게 뭔지도 모르면서 주식시장하고 먼 거리에서 묵묵히 살아가는 이들이나, 모두가 자기 길을 열심히 걷고 있거니와 세상은 오늘도 어지럽고 소란스러워도 그것이 아름답게 어지럽고 아름답게 소란스러운 것만은 어쩔 수 없는 사실이니까요.

행복한 눈물?

어떤 사람이 〈행복한 눈물〉이라는 그림을 백억 원인가 얼마에 샀다고 해서 요즘 세상이 시끄럽습니다. 글쎄요, 저로서는 그만한 돈이 얼마나 큰 돈인지 감조차 잡히지 않습니다만, 종이에 동그라미를 한참 그리며 계산해봤더니, 일 년에 천만 원씩 천 년을 모으면 〈행복한 눈물〉을 걸어두고 감상할 자격을 얻겠더군요. 그러니 저 같은 사람은 말 그대로 언감생심, 『장자』에 나오는 뱁새처럼 어찌 감히 붕鵬의 비상飛翔을 짐작이나마 할 수 있겠습니까?

허, 그것 참! 모르긴 하겠거니와 그림을 그린 화가 아무개 씨도 자기 그림이 그 값으로 팔렸다는 말을 들으면 혹시 놀라서 뒤로 자빠지지 않을까요?

누가 한 전문가(?)에게, 왜 그렇게 그림이 비싸게 팔리느냐고 묻자 그

대답이 재미있더군요. 무엇보다 그 그림이 세상에 한 장밖에 없는 그림이기 때문에 비싸다는 겁니다.

세상에 한 장밖에 없는 그림이라서 비싸다고요? 그렇다면 저는 이제 억만장자가 되었습니다! 방금도 세상에 한 장밖에 없는 그림을 두 장이나 그렸거든요!

누가 무엇을 그린들 그게 '세상에 한 장밖에 없는 그림'이 아닐 방도가 있나요? 그러니 화가 아무개 씨의 〈행복한 눈물〉이 세상에 한 장밖에 없어서 비싸게 팔렸다는 건 도대체 말이 되지 않습니다. 그런데, 그런 '몰상식'이 엄연하게 고가高價로 유통되는 동네가 이 지구상에 한두 군데가 아니라네요?

한마디로, 재미있게 미친 세상입니다.

그림은 하나의 그림자(image)일 뿐, 실물은 엉뚱한 데 있건만, 사람들이 실물은 거들떠보지도 아니하고 그것의 그림자에 눈독을 들여 천문학적 돈(하긴, 그것도 그림자에 지나지 않지만요!)을 주고받으며 울고 웃으니, 이야말로 허깨비들의 허깨비놀음 아니고 무엇이겠습니까?

그나저나, 〈행복한 눈물〉의 모델이었을 그 여인은 지금쯤 살았을까? 죽었을까? 살았으면 어떻게 살고 있을까? 죽었다면 어떻게 죽었을까? 괜히 별게 다 궁금해지는군요.

69

하지 않는 것과
하지 못하는 것

이 나라 제일이라는 회사가 법을 어기며 돈을 만들어 관료와 정치인들에게 뇌물을 주었다고 하여 말썽이 났습니다. 그래서 속내를 파고 들어가다 보니 그동안 묻혀 있던 이런저런 사실들이 고구마줄기처럼 드러나는 모양입니다.

한마디로, 딱하고 안됐습니다.

하느님이 사람에게 주신 선물 가운데 '상상하는 힘(想像力)'이 있으니, 잠깐 그놈을 써서 이런 생각을 해봅니다.

문제가 된 재벌의 총수라는 이가 자기 회사 평사원들과 다를 것 없는 이른바 '평민의 삶'을 평범하게 살아갑니다. 30평 아파트에서 한 달에 2백만 원 정도 생활비로 자녀들 교육도 보통학교에 맡기고 그밖에 다른 모든 면에서 도무지 특별할 게 없는 생활을 합니다.

자, 그런데도 사람들이 들고 일어나 그 회사를 성토하고 비난할까요?

무슨 터무니없는 헛소리냐고요? 예, 맞아요. 이건 현실하고 너무나 거리가 먼 얘기요 말하자면 턱도 없는 공상입니다. 하지만, 한번 생각해봅시다. 재벌 총수가 정말로 그렇게 살 수 없는 겁니까? 그게 원천적으로 불가능한 일인가요? 재벌 총수네 가족이 30평 아파트에 살면 안 된다는 무슨 특별법이라도 있습니까? 그렇게 살면 병이 들거나 수명이 단축되는 특수 체질인가요? 그래서 할 수 없이 대저택에서 최고급 가구들에 둘러싸여 수십억이나 되는 그림을 감상해야 하는 겁니까? 재벌 총수는 회사 경영권을 반드시 자기 아들에게 물려주어야 하나요? 그렇게 하지 않으면 나라 법에 걸려 콩밥을 먹어야 합니까?

그건 아니지요! 그가 자기 회사 평사원 정도 수준으로 살지 않는 것은 그렇게 할 수 없어서 하지 못하는 게 아니라, 그렇게 할 수 있는데 하지 않는 것입니다.

맹자 말하기를, "어른을 위하여 나뭇가지 꺾는 일은 하지 않는 것이지 하지 못하는 게 아니다(爲長者折枝不爲非不能也)"라고 했지요.

하느님 나라에는 문이 없습니다. 하지만 스스로 문을 만들어 세우고 그 안으로 들어가지 않는 사람한테는 하느님도 어쩔 수 없으시겠죠.

분명히 해둡시다. 사람들이 천국에 들어가지 못하는 게 아니라 스스로 안 들어가는 것입니다. 저 옛날 예수님에게 하늘나라 들어가는 법을 물었다가, 있는 재산 모두 팔아 가난한 자들에게 주고 나를 따라오라는 말씀에 발길을 돌렸던 부자 청년이 그랬듯이!

김경준과 이명박

대한민국 검찰을 대표하는 김 아무 검사의 이른바 '비비케이 사건' 수사 결과 발표 중계방송을 우연히 보았는데요, 과연 이 나라 법 앞에서 모든 사람이 평등한가, 의혹이 생겼습니다. 김 검사의 발표를 듣다보니 김경준은 처음부터 끝까지 '김경준'인데 이명박은 '이명박'이 아니더군요. 처음에는 '이명박 후보'였다가 슬그머니 '이 후보'로 바뀌더니 끝까지 계속 '이 후보'더란 말입니다.

왜 같은 사건 같은 피의자인데 김경준은 '김경준'이고 이명박은 '이명박'이 아니라 '이 후보'입니까? 김경준이나 이상은(이명박의 형)을 김경준, 이상은으로 불렀으면 이명박도 이명박으로 불렀어야 하는 것 아닌가요? 그가 저질렀다고 의심받는 범죄행위도 정치인 이명박이 아니라 경제인 이명박의 것일 터인데, 어째서 검찰은 그를 시종일관 '이 후보'라고 부르느냔 말입니다.

그까짓 호칭이야 아무러면 어떠냐고요? 그게 아니지요. 검찰이 김경준은 '김경준'으로 부르면서 이명박을 '이명박'으로 부르지 않고(못하고?) '이 후보'라 부른 것이 고의였다면 그 자체로서 문제가 아닐 수 없고 자기도 모르게 무의식으로 그랬다면 그건 더 큰 문제인 것입니다. 두 피의자를, 고의든 아니든, 동등한 눈으로 보지 않았다는 명백한 증거니까요.

뭐 새삼스레 그걸 묻고 따지자는 얘긴 아니올시다. 제가 그럴 만큼 한가하지도 않거니와, 세상의 법이라는 게 말이 만인 앞에 평등이지 실제로는 그렇지 못하고 그럴 수도 없음을 잘 알고 있는 마당에 그런 걸 따로 문제 삼을 까닭이 있겠습니까?

다만, 기독교에서 말하는 '최후 심판'이 정말 있다면 거기서는 이런 종류의 편견이 작용하지 않을 것임을 유념하고 사는 것이, 본디 기울어진 이 세상에서 넘어지거나 미끄러지지 않는 길이겠다는 생각을 스스로 해보는 것이올시다.

이제부터라도 사람 이름 석 자 앞뒤에 붙는 이런저런 찌지 따위에 휘둘리지 않고, 터무니없이 겁내거나 업신여기지 말고, 모든 사람을 동등한 시각으로 바라보는 연습에 더욱 정성을 모아야겠습니다.

검정 괴물

문제입니다. 아래 '보기'의 단어들 가운데, 저 태안 앞바다를 검게 물들이며 갯벌과 어민들을 질식시키고 있는 검정 괴물과 연결되는 것은 무엇일까요?

보기 정치, 경제, 문화, 사회, 법률, 예술, 종교.

무슨 그런 문제가 다 있느냐고요?
우롱당하는 것 같아 기분 나쁘십니까?

벌모레 이 나라 대통령으로 뽑힐 가능성이 가장 많다는 한 아저씨가 "반드시 살리겠다"고 장담하는 '경제'는 원래 좋은 것도 아니고 나쁜 것도 아닙니다. 하지만 그것을 다루는 사람에 따라서 괴물이 되기도 하고 천사가 되기고 하는 물건이지요.

"갯벌을 죽이고 어부들의 숨통을 죄는 괴물은 기름이 아니라 인간의 무지와 탐욕이다."
"시급히 살려야 할 것은 경제가 아니라 사람이다."
"그 '사람'은 저 사람이 아니라 바로 너다!"

이와 같은 하늘의 신음 섞인 경고를, 시방 저는 떨리는 가슴으로 듣고 있습니다.
주여, 우리를 불쌍히 여기소서!

정치인들을
위한 기도

마이클 홀링스Michael Hollings 신부님의 기도가 생각나는 오늘 아침입니다.

주님, 저는 이 나라 통치자들과 남녀 정치인들을 위해서 기도해야 한다는 것을 알고 있습니다. 그러나 제 눈에 저들은 가망이 없어 보이고 기도해봤자 아무 소용이 없을 것만 같습니다.

하지만 저는, 우리를 비열하게 이용해먹는 자들을 위해서 기도하지 않으면 안 된다는 사실을 잘 알고 있으며, 당신께서 구원하실 수 없을 만큼 나쁜 인간은 없다는 사실도 잘 알고 있습니다.

그런데, 주님께서도 바리사이파에게 의심을 품지 않으셨습니까? 물론 당신께서는 그들을 위해 많은 기도를 하셨겠습니다만, 성경은 그 내막을 우리에게 일러주지 않고 있습니다.

우리에게 정치인들 위해서 기도하는 법을 가르쳐주십시오. 그리고, 당신께서 그들에게 자기가 속한 정당을 넘어 더 넓은 세계를 볼 눈과 지혜를 주시며 아울러 전체 인류를 위해 선한 일을 할 용기도 주실 것이라는 희망을 안고 계속 기도할 수 있도록 믿음을 주십시오.

마음을 모아서 이 나라 정치인들을 위해 기도드립시다. 저들도 우리의 피붙이들이요 나름대로 선한 의지로 살아가려는 착한 사람들임을 잊지 맙시다. 또한 우리도 저들과 하나 다를 바 없이 옹졸하고 무지하고 고집스러운 인간이라는 사실을 고백합시다. 희망을 남에게서 찾으려 하지 말고 우리가 스스로 만들어 나아갑시다.

당선자와 당선인

    대통령 '당선자'가 어느 사이에 언론매체에서 '당선인'으로 바뀌었습니다. 처음 그렇게 바꿀 것을 생각해낸 자가 누군지 모르겠으나, 아마도 '놈 자者'보다는 '사람 인人'이 본인의 품격을 좀더 높여준다고 판단해서 그런 제안을 했을 것이고 언론매체들이 거기에 동의한 결과라 하겠습니다.

    그런데 그런 발상을 한 자가 당선자 진영에서 나왔든지 아니면 언론매체 쪽에서 나왔든지 둘 중 하나일 텐데, 전자라면 제가 저를 추켜세우는 꼴이니 보기에 딱하고 후자라면 당선자가 대통령에 취임하기도 전부터 아첨하는 꼴이니 역시 보기에 우습네요.

    이건 당선자 본인을 위해서나 나라를 위해서나 좋은 징조가 아닙니다. 혹시 당선자 쪽에서 그런 발상을 낸 게 아니고 언론매체 쪽에서 먼저 '당선인'이라는 말을 쓰기로 했다 하더라도, 당선자는 그것을 사양하고 그냥 전처럼 '당선자'로 불러달라고 부탁했어야 합니다. 그게 국민을 상전으로 받들어 섬기겠다는 놈의 자세거든요.

하물며, 그런 발상을 한 자가 당선자 진영에서 나왔다면 더 무슨 말을 하겠습니까?

옛 어른 말씀에, "스스로 우쭐대는 놈은 어른이 못된다(自矜者不長—노자)"고 했습니다. 어른 될 그릇이 못되는 놈이 어른 노릇을 한다면 본인을 위해서나 그를 어른으로 대접해야 하는 사람들을 위해서나 불행한 일이 아닐 수 없습니다.

위의 글에서 '어른 장長'을 '오랠 장長'으로 읽는 이들도 있더군요. 그러면, 스스로 우쭐대는 놈은 오래 못 간다는 말이 됩니다. 이래 읽으나 저래 읽으나, 스스로 자기를 높이는 놈의 결과가 결코 좋을 리 없습니다.

그러니 어떡합니까? 대통령 후보로 출마할 때부터 저마다 "내가 제일이다"라고 큰소리치는 자들뿐이었으니 누구를 뽑았어도 그게 자긍자自矜者일 수밖에 없는 것이 지금 이 나라 백성의 딱한 운명인 것을!

아무래도 자기를 뒤로 물려 앞으로 내세워지는(後其身而身先—노자) 성인을 이 나라 대통령으로 모실 생각은 아예 접는 게 좋겠습니다. 그런 걸 연목구어緣木求魚라고 하나요?

허허허, 이거 괜히 쓸데없는 헛소리를 늘어놓은 것 같습니다. 이 한심한 놈을 용서해주십시오. 그저 제 말씀은, '놈 자者'와 '사람 인人' 사이의 간격이 그것을 쓰는 자들에 따라서 하늘땅만큼이나 멀 수 있음을 귀띔하려는 것뿐이었습니다. 하기는 이런 것이 문제로 여겨지지도 않는 듯한 국민 정서가 더욱 딱해 보입니다만.

금융 강국?

웬 사람이 동전 한 개를 가볍게 던집니다. 그것이 땅에 떨어지더니 구르기 시작합니다. 계속 구릅니다. 거리를 따라서 자꾸만 굴러갑니다. 그런데 그냥 구르기만 하는 게 아닙니다. 구르면서 차츰 커집니다. 키도 커지고 두께도 두꺼워집니다. 구르는 동전과 같은 방향으로 사람들이 걸어갑니다. 어느새 동전과 사람들 키가 비슷해졌는데 사람들은 커지지 않고 동전은 자꾸만 커지니까 자연스럽게 동전이 사람들을 데리고 앞서 가는 모양으로 되었습니다. 동전은 멈출 줄 모르고 계속 커집니다. 드디어 63빌딩만큼 커졌습니다. 아니 그보다 더 커졌습니다. 이젠 동전을 따라서 걸어가는 사람들이 개미떼처럼 보입니다. 동전이 조금만 방향을 틀면 사람들이 깔려죽는 건 일도 아닙니다. 저러다가 동전이 옆으로 쓰러지는 날이면 난리도 그런 난리가 없을 겁니다. 고층 빌딩들이 무너지고 그 바람에 사람들은 흔적도 없이 날아가 버리고…….

어저께 텔레비전에서 본 '금융 강국' 대한민국을 선전하는 공익광고 방송입니다. 깜짝 놀랐어요! 얼마나 솔직하고 담대한가? 드디어 맘몬 Mammon이 제 정체를 조금도 감추지 않고 대한민국 공영방송 텔레비전 화면에 스스로 현양顯揚하시는구나! 마침내 여기까지 오고야 말았구나!

금융이란 무엇입니까? 돈이 세상에 굴러다니는 것이지요. 금융업이란 무엇입니까? 돈을 세상에 굴리는 일이지요. 돈이 굴러가다가 새끼를 치면 금융업자들은 그 새끼를 먹고 삽니다. 아무리 근사한 설명을 붙여도 결국은, 돈 놓고 돈 먹는 '이자놀이'일 뿐입니다.

바야흐로 맘몬의 대란이 노골적으로 시작되었습니다. 어떻게 태어난 이 세상인데, 돈 밑에 깔려서 죽을 순 없는 일 아닙니까? 정신 바짝 차려야겠습니다.

눈으로 먹는 음식

오래전 일입니다만, 한동안 제 오줌을 한 컵씩 마신 적이 있습니다. 요료법尿療法이라고 하던가요? 아침에 일어나자마자 처음 누는 오줌을 컵에 받아 마시는 겁니다.

그때 한 가지 발견(?)한 사실이 있는데요, 무엇을 먹고 마시느냐에 따라서 오줌의 질이 달라진다는 평범한 사실이 그것입니다. 고기와 술을 먹고 마신 다음날에는 오줌 색깔이 탁하고 냄새 또한 고약해서 마시기가 참 역겨웠는데, 채소와 된장을 위주로 소박한 음식을 먹은 다음날에는 오줌 색깔이 맑고 투명하여 무슨 주스를 마시는 것 같았지요. 그렇게 오줌을 마시다보니 자연스레, 내일 마실 오줌을 생각하여 오늘 음식을 가려먹게 되더군요.

이런 말 들어보셨지요? "네가 먹는 음식이 바로 너다." 지당한 말씀입니다. 무엇을 주로 먹느냐가 그 사람의 인품을 형성하는 데 결정적 요인이 됩니다. 짐승을 보면 알 수 있지요. 초식동물은 아무리 덩치가 커도 성질이 둔하고 유순합니다. 반면에 육식동물은 덩치가 작아도 성질이 난폭하고 앙칼지지요. 사람이라고 해서 다르겠습니까?

그런데, 사람은 입으로만 먹는 게 아니라 귀로도 먹고 눈으로도 먹고 마음으로도 먹습니다. 눈으로 보고 귀로 듣고 마음으로 생각하는 게 모두 그가 섭취하는 음식이란 말이에요. 그러기에 사람은 입에 들어가는 음식뿐만 아니라 보고 듣고 생각하는 모든 것을 조심해서 가려야 합니다.

하느님이 지으신 아름다운 자연을 마음껏 감상하고 영혼을 울리는 모차르트의 음악에 심취하는 것과 피투성이 난투극이 꼬리를 물고 증오와 분노가 숨 쉴 틈 없이 폭발하는 영화를 보는 것은, 된장에 채소를 먹는 것과 화학조미료를 친 인스턴트식품을 먹는 것만큼이나 다른 것입니다. 옛날부터 임신부가 입으로 먹는 음식뿐 아니라 눈으로 보고 귀로 듣는 것을 조심스럽게 가린 까닭이 무엇이겠어요?

특히 잠자리에 들기 전, 음식을 조심할 필요가 있습니다. 불가佛家에서는 해가 진 뒤에 음식을 먹지 않는 전통이 있다던데, 다이어트뿐만 아니라 건강을 위해서 매우 좋은 습관임이 분명합니다.

단순히 야식을 삼가라는 말이 아니에요. 잠자리에 들기 전 무엇을 보고 듣고 생각했느냐가 사람의 정신체계에 미치는 영향은 실로 엄청날 것입니다. 등장인물마다 자기 생각에 갇혀서 상대방이 제 생각대로 움직여 주지 않는다 하여 고함지르고 물건을 내던지고 욕설을 퍼붓고 앙칼진 눈으로 노려보고 술을 퍼마시고…… 끝도 없이 그런 장면들로 도배질한 드라마를 보았을 때 그 심신이 어떻게 되어 있겠습니까? 이 나라 텔레비전에서 그런 드라마들이 높은 청취율을 자랑하며 인기리에 방영되고 있는 현실은 생각만 해도 끔찍하고 한심한 일입니다.

그런데요, 더욱 한심한 것은, 그런 줄 알면서도 그것들을 보고 있는 바로 저의 꼬락서니올시다! 이거야말로 알코올 중독이나 도박 중독과 무엇이 다르겠습니까?

"아아, 누가 나를 이 질곡에서 건져줄 것인가?" 한탄하시던 바울로 사도가 생각나네요. 하지만 그분이 한탄에 이어, "고맙게도 하느님께서 우리 주 예수 그리스도를 통하여 우리를 구해주신다!"고 고백하신 것은 오늘 저를 위하여 얼마나 큰 다행인지 모르겠습니다.

오늘 밤부터라도 허망한 속임수 저질 드라마에서 눈길을 돌려 성경을 읽거나 아름다운 음악을 감상하거나 진실한 이야기들로 이루어진 소설을 읽다가 기도하면서 잠자리에 들도록 애써보겠습니다. 주님의 도우심을 받아 해볼 수 있을 것입니다.

무지개 원리?

　　요즘 웬만한 규모의 교회(특히 개신교)에서는 예배 시간에 드럼 밴드와 율동으로 경쾌한 음악이 연주되는 것을 볼 수 있습니다. 가슴은 좀 어색해하지만 머리는 이것도 변해가는 세속의 한 풍경이니 그냥 받아들이라고 하네요. 그래서 참고(?) 앉아 있는데, 함께 박수 치고 노래하며 즐기지 못하는 내 모습이 여간 면구스럽고 민망한 게 아니더군요.

　　사람이 음악에 감동하는 것도 세월 따라 달라지나봅니다. 왜 안 그렇겠어요? 당연한 일이지요. 그런데요, 요새는 모든 것이 빨라지고 빨라지는 만큼 가벼워지는 세상이라서 그런지 교회 음악도 갈수록 가벼워진다는 느낌을 어쩔 수 없네요.

　　가볍고 빠른 게 잘못이라거나 나쁘다는 얘긴 결코 아닙니다. 다만, 경쾌輕快에 너무 재미를 들이면 중후重厚로 들어가는 데 방해가 될 수 있다는 우려를 해보는 거지요.

무늬는 나름대로 가치가 있습니다만, 현란한 무늬에 사로잡히면 무색 무취의 알속을 맛볼 수 없습니다. 감각적인 경음악도 좋은 것이지만 거기에 매몰되어 있으면 심금을 울리는 감동이 느껴지겠습니까? 무늬는 본디 거죽에 있는 거예요. 등이나 팔뚝에 문신을 새기지 염통에 새기는 것 보셨어요?

거죽은 가치가 없고 속만 소중하다는 말이 아닙니다. 어느 시인이 "껍데기는 가라"고 노래했습니다만, 껍질이 없으면 알맹이도 없는 거예요. 경쾌하고 가벼운 것은 반드시 있어야 하고 언제나 있어온 무엇입니다. 다만 저는 그것이 뿌리 아닌 가지요, 알속 아닌 껍질이라는 사실을 말하고 싶을 따름이올시다.

무거움은 가벼움의 뿌리요(重爲輕根) 고요함은 시끄러움의 임금(靜爲躁君)이라고 했지요. 무거움이 있어서 가벼움이 있고 침묵이 있어서 소리가 있다는 말입니다.

사람이 근본을 망각하고 살아가는 데서 모든 문제가 발생하는 것입니다. 기독교식으로 말하면, 사람이 하느님을 잊고 처신하는 것이 일만 악의 뿌리인 거예요.

갈수록 경박해지기만 하고 중후한 세계를 망각하는 현대 풍조에 교회까지 동참하고 있는 것 아닌가 하여 괜한 걱정을 지금 제가 하고 있나봅니다.

어느 집에 갔다가 그 집 대학생이 선물로 받은, 차 아무 신부님의 『무지개 원리』라는 책을 보았습니다. 대강 내용을 살펴보니, 소문대로 많은

독자들이 사서 읽었겠다 싶더군요. 온갖 긍정적이고 좋은 생각들을 다 모아서 행복하고 건강한 삶을 적극적으로 그리고 무엇보다도 합리적으로 격려하는데 누가 싫다고 하겠습니까?

그런데 한편으로, 이 책이 안내하는 건강과 행복한 삶(세계)이라는 게 성경의 '전도서'가 말하는 "헛되고 헛된 것들" 가운데 하나일 수 있겠다는 생각을 떨쳐버릴 수가 없었어요. 행복하고 건강하게 살면서 그것을 "감사, 감사, 감사" 하고 있는 '나(ego)'가 바로 이 세상을 고통과 어둠으로 몰아가는 말썽꾸러기 장본인일 수 있다는 사실이, 이 책에서는 성찰 경계되지 않은 것 같아서 말입니다.

무지개는 아름답습니다. 그러나 그것은 멀리서 바라보며 감상할 물건이지 가까이 가서 손으로 잡을 물건은 아니에요. 그랬다가는 인생 종치는 겁니다. 무지개의 아름다움을 감상하는 것도 어디 한 자리에 앉거나 서서 아무 일 안 할 때 할 일이지, 자동차를 운전하거나 그물질을 하면서는 할 수 없는 일입니다. 일손을 놓은 사람만이 무지개의 아름다움을 감상할 수 있단 말이에요. 아마도 그래서 하느님은 무지개를 잠시 보여주셨다가 이내 거두어 가시는 걸 겁니다.

성경은 무지개를 하느님의 약속에 대한 신호(sign)로 봅니다. 그래요, 무지개는 하느님의 약속을 기억나게 해주는 신호예요. 하느님의 약속은 아닙니다.

이 점을 혼동하면 껍질의 아름다움에 취하여 알속을 들여다보지 못하고, 감각을 울리는 경음악에 도취하여 심금을 울리는 침묵의 소리를 듣지 못하는 어리석음에 머물 수밖에요.

건강하고 행복하게 사는 것이 나쁘다는 얘긴 결코 아닙니다. 다만, 건강하고 행복한 삶을 사느라고 (그것을 추구하느라고) 세상의 아픔과 절망 속에 계시는 하느님을 잊는다면 그것은 지엽枝葉에 매달려 근본根本을 망각하는 것과 같으니 진짜 걱정스런 일이라는 얘기를 이렇게 해보는 것입니다.

우리만이라도

　9·11사건 직후, 부시 대통령이 전쟁을 선포하면서 미국을 지지하지 않는 세력은 적으로 간주하겠다는 말을 했다기에, 이왕 편을 나누기로 한다면 테러를 하고 그 테러를 응징하는 테러를 다시 하는 쪽과 테러를 하지도 않지만 테러를 당하더라도 같은 방식으로 응징하기를 거부하는 쪽으로 나누자고, 그러면 부시와 오사마 빈 라덴이 한 편 아니냐고 했다가, 그 말이 우연찮게 신문에 보도되는 바람에, 한국의 좌파논객으로 알려진 한 비평가로부터 이현주도 결국 '얼치기 도사'가 되어 김지하, 박노해의 뒤를 잇고 있다는 '비평'을 받은 적이 있습니다.
　이틀 뒤 그 기사를 읽으면서 조금 심기가 불편하기는 했지만, 그거야 그 사람 눈에 내가 그렇게 보였던 것이고 자기 생각을 말한 것이니 시비를 따질 건 아니다 싶어서 아무 말 않고 지나갔지요. 하지만 그 기억만큼은 아직 이렇게 남아 있습니다.

아마도 틀림없이 제가 그때 부시와 미국을 일방적으로 매도하고 오사마 쪽은 옹호하거나 옹호까지는 관두고 그냥 못 본 척 언급하지 않았더라면 그 논객이 저를 가리켜 '얼치기 도사'라고 하지 않았을 겁니다. 어떤 사람이 자기와 생각이 같다고 해서 그를 비판하거나 비난하는 사람은 세상에 없을 테니까요. 하지만, 사람들이 모두 생각이 같을 수는 없는 일 아닌가요? 그런데 자기와 생각이 다르다고 해서 아무개 그 사람 가짜라고 엉터리라고 말해버리면, 말한 사람이야 언론의 자유를 누린 것일는지 모르겠으나 그 말을 듣는 사람은, 요행히 성자거나 백치가 아닌 담에야, 기분 참 더러워지는 거지요.

폭력은 총칼이나 주먹으로만 표출되는 게 아니에요. 지금도 우리는 "나는 공산주의가 좋다. 나는 공산주의자다"라고 말했다가는 붙잡혀가서 조사를 받아야 하는 세상에 살고 있잖습니까? 교회에서 "기독교인 아니어도 구원받는다"고 말했다가는 교회에서 쫓겨나는 풍토 아닌가요? 뭐 이런 억지세상이 다 있습니까? 하지만 흥분할 것 없어요. 그런 세상을 만든 게 바로 '우리'니까요.

제가 방금 '우리'라는 말을 썼는데, "나를 그 '우리'에 포함시키는 것은 억울하다"고 말하고 싶은 분이 있을 것입니다. 그분이 "나는 어떤 사람이 나하고 생각이 다르다 해서, 내가 기대한 대로 행동하지 않는다 해서, 그를 비판하거나 비난하지 않겠다"고 말하고 실제로 그렇게 하는 분이라면, 위의 '억지세상을 만든 우리'에서 기꺼이 반가운 마음으로 제외시켜 드리겠습니다. 실은 저도 그런 사람이 되고 싶거든요.

앞으로도 저는 저에 대한 사람들의 기대를 채워주지 못할 것이고 누군가와는 다르게 생각하고 다르게 처신할 것입니다. 어쩔 수 없는 일이에요. 그러면 여전히 비판도 받고 비난도 받겠지요. 그것도 저로서는 어쩔 수 없는 일이올시다.

제가 '얼치기'로 비난받았다는 소식을 듣고 한 선배가 이렇게 말했다더군요. "현주가 오해 살 만한 말을 했구먼." 그 말을 직접 듣지 못하고 전해 들었기에 아무 대꾸 하지 않았습니다만, 선배에게 이렇게 묻고 싶었어요. "세상에 남의 오해를 살 만한 말 안 하고 사는 사람 있나요? 형님은 남한테서 오해받은 적 없습니까?"

그런 사람은 없지요! 거짓 가르침으로 혹세무민惑世誣民한다는 오해를 받고 결국 그 죄목으로 처형당한 분이 예수 아닙니까? 입을 열었다 하면 기다렸다는 듯이 그 말을 제 맘대로 오해하고 곡해하는 사람들이 사는 세상에서 누가 무슨 수로 "오해 살 만한 말"을 하지 않는단 말입니까?

제 말은, 그런 세상이니 우리 모두 입 다물고 벙어리로 살자는 게 아니라 그러니까 우리만이라도 누가 나하고 다른 생각을 하고 내 기대에 어긋난 행동을 한다 해서 그에게 실망하거나 그를 비판하는 일을, 될 수 있는 대로, 하지 말아보자는 겁니다.

진돗개 기질

우스운 얘기 하나 할까요? 길에서 두 남자가 만났습니다.
"여, 오랜만일세. 그동안 많이 달라졌구먼?"
"글쎄, 누, 누구신지?"
"자네 그새 살이 많이 빠졌군. 다이어트를 열심히 했나봐?"
"아니, 난 다이어트한 적 없어요."
"뭘 그래? 내 눈은 못 속인다구. 자네 좀 심한 뚱보였잖아?"
"아니오. 난 한 번도 뚱보였던 적이 없소."
"그러고 보니 머리 색깔도 왕창 바꿨네? 하기는 요즘 염색 기술이 워낙 좋아졌으니까."
"난 머리 염색하지 않았소. 아무래도 사람을 잘못 본 것 같소."
"무슨 소리? 아무도 내 눈은 못 속인다구. 자네 김재덕이 아닌가?"
"난 김재덕이 아니라 박수동이오."

"그래? 아니, 어떻게 이름에다 성까지 바꿨나?"

자, 이쯤 되면 더 늦지 않게 두 손 들고, "맞아요, 나 김재덕이오! 나 살 빼고 머리 염색 했어요"라고 항복하는 게 어떨까요?

한 번 먹은 마음, 한 번 머리에 입력된 정보를 여간해서는 바꾸려 하지 않는 게 우리나라 사람들 기질인가 봅니다. 그러니 뭔가 바꿔보려는 쪽은 늘 위태위태하고 뭐든지 지키겠다는 쪽은 언제나 여산부동如山不動이지요. 이곳은 뭔가 주류에서 조금이라도 벗어난 생각이나 행동이 뿌리를 내리기에 너무나도 척박한 땅인 것 같습니다. 그건 이른바 우익 보수파나 좌익 진보파나 마찬가지 같아요.

조선 중엽 우리나라 선비들이 중국에 갔다가 공자 묘廟에서 제사 지내는 법을 고쳐주고 왔다는 기록을 본 기억이 나네요. 본디 중국에서 배워 온 법을 이 나라에서는 일점일획 흐트러짐 없이 지켜왔는데 세월이 흐르는 동안 본토 사람들이 그 법을 좀 망가뜨렸던 모양입니다. 그래서 그걸 고쳐주고 왔다는 거예요.

예, 능히 그럴 만한 분들입니다. 후손인 우리 모습을 보면 알 수 있지요. 교회에서 성직자의 흡연과 음주를 금지하는 법조항이 미국 선교사들에 의하여 수입된 것임은 다 아는 사실입니다. 그런데요, 정작 미국 교회는 1960년대 중반에 그 법조문을 삭제하여 없앴다는데 여기는 아직도 시퍼렇게 살아 있단 말씀입니다.

뭐, 그게 나쁘다 좋다, 그런 얘기 시방 하자는 게 아니올시다. 그거야 나쁘게 보는 사람에게는 나쁜 거고 좋게 보는 사람에게는 좋은 거고 그럴 테니까요.

다만, 한 번 입으로 문 것은 여간해서 놓을 줄 모르는 '진돗개 기질'의 옹고집 보수파가 대세를 틀어잡고 있으니, 뭔가 좀 새롭고 엉뚱해 보이는 생각이나 행동을 하고 싶은 사람은 각오를 단단히 하고 숨을 길게 쉬면서 지혜롭게 조금씩 시도하는 게 상책이겠다는 얘길 해보는 겁니다.

이거 또 괜히 쓸데없는 소리를 했나요? 요새 부쩍 말을 꺼내기가 조심스러워지네요. 좌파 우파 중도파 개혁파 보수파 네 파 내 파 할 것 없이 온갖 파에서 힘센 사람들이 주먹을 내두르며 "너 박수동이 아니야, 너 김재덕이야! 내가 그렇다면 그런 거야!" 저렇게 눈을 부라리고 있으니 말입니다.

좌절할 수 없는 이유

"하느님을 사랑하는 사람들 곧 하느님의 계획에 따라 부르심을 받은 사람들에게는 모든 일이 서로 작용해서 좋은 결과를 이룬다는 것을 우리는 압니다"(로마서, 8: 28).

바울로 선생님 말씀에 동의합니다. 그러므로 저는 무슨 일로든지 절망하거나 좌절할 수 없습니다. 절망하거나 좌절하지 않겠다는 게 아니라 그럴 수가 없다는 말씀입니다. 그것은 저 앞뜰 목련이 봄날에 꽃망울을 터뜨리지 않을 수 없는 것과 같은 원리입니다.

제 안에 하느님이 계시고 하느님 안에 제가 있거늘, 어떻게 희망을 접고 가던 길에서 내려설 수 있단 말입니까?

"모든 일이 서로 작용하여 이루는 좋은 결과"가 무엇일까요? 까마득한 미래의 어느 날에 이루어질 그런 것일까요? 그날이 언제일지 모르나 그날까지 살아 있는 사람만이 맛볼 수 있는 신비스런 열매일까요? 그렇다면 그것 자체가 또 다른 실망거리일 수 있겠습니다. 그것이 제가 닿을 수 없는 어느 곳에 유보된 상태니까요.

저는 그렇게 생각하지 않습니다. 그 '결과'는 지금 여기에서 누구나 맛볼 수 있는 것이고 마땅히 그래야 합니다. 저뿐 아니라 모든 사람에게 허락된 때와 곳이 '지금 여기'밖에 없거든요. 그러니, 위에 적은 바울로 선생님의 말씀을 저에게 주신 말씀으로 읽으면 이렇게 되겠습니다.

"하느님을 사랑하는 사람 곧 하느님의 계획에 따라 부르심을 받은 그대에게는 모든 일이 서로 작용해서 좋은 결과를 이룬다."

그래요, 이 나라 정부에 의하여 추진되고 있는 대운하 건설 계획도, 그 계획을 반대하는 사람들의 움직임도, 저에게는 "서로 작용하여 좋은 결과를 이루는 모든 일"에 들어갑니다. 말 그대로 '모든 일'이에요. 거기 포함되지 않는 일이 없는 겁니다.

그 모든 일들을 낱개로 보면 희망적인 것도 있고 절망적인 것도 있겠지만, 그 모든 것들이 하나도 빠짐없이 서로 작용하여 이루는 열매를 보면 그것은 틀림없이 '좋은 결과'인 것입니다. 이때의 '좋음'은 좋다, 나쁘다를 함께 뛰어넘는 '절대 좋음'입니다.

밴쿠버에, 제가 늦게 만나 큰형님으로 모시는 장로님이 한 분 계십니다. 유신 정권 시절 캐나다에서 조국의 민주화운동을 음으로 양으로 지원한 은퇴 의사醫師지요.

어저께, 그분이 임파선 암으로 수술 받게 되었다는 소식을 들었어요. 전화로 말씀하시더군요.

"재작년 벤푸에서 죽음을 한 발 앞두고 연기해주셨으니, 사는 날까지는 살아야겠지?"

"아무렴요, 어쩌겠습니까? 마지막 숨 끊어지는 그 순간까지는 살아야지요. 안 살 방도가 없잖아요?"

"그래, 그래. 하하하."

숨 끊어지는 순간까지 안 살 방도가 없는 거야 누군들 아니 그렇겠습니까만, 하느님을 사랑하는 사람에게는 사는 것이 그냥 목숨 부지하는 게 아니지요. 그에게는 산다는 게 누군가를 사랑한다는 것입니다. 누군가를, 무엇인가를 사랑하지 않으면 살았어도 살아 있는 게 아니에요. 그것이 '하느님을 사랑하는 자'의 숙명입니다.

예, 대운하가 건설되든 중단되든 그것은 저에게 희망이나 절망을 안겨줄 수 없습니다. 희망이 있다면, 모든 일이 서로 작용하여 이루어내는 좋은 결과(至高善)를 지금 여기에서 맛보는 저에게 있는 것입니다. 반대로 절망이 있다면, 모든 일이 서로 작용하여 이루어내는 좋은 결과를 맛보기는커녕 그런 것이 있는 줄조차 모르는 저한테 있는 거지요.

절망도 희망도 제 바깥 어디에 있는 것이 아닙니다.

저는 오늘도 이렇게 살아 있습니다. 제 방식으로 저와 세상을 사랑하고 있는 거예요. 시방 이 글을 쓰는 것도 저를 사랑하고 세상을 사랑하는 저 나름의 방식입니다. 그리고 바로 이것이 저에게는, "모든 일이 서로 작용하여 이루는 좋은 결과"올시다.

지금 저에게 사랑할 대상이 있고 사랑을 실천할 몸과 마음이 있습니다. 누구를 탓하고 무엇을 절망한단 말입니까? 상황에 좌절하고 남을 탓하지 않겠다는 게 아니라, 그럴 수가 없다는 말씀입니다.

용왕의 심부름

강에는 물고기만 사는 게 아닙니다. 강에는 용왕님이 사십니다. 용왕님은 강물뿐만 아니라 바다에도 사시고 개울에도 사시고 연못에도 사시고 물 있는 곳이면 어디에나 사십니다. 물론 하늘에도 사십니다. 거기도 구름 모양으로 물이 있으니까요.

이른바 서구 문명이라는 괴물이 이 나라를 삼키기 전에는 사람들이 나름대로 용왕님을 잘 모시고 살았습니다. 용왕님을 잘 모시고 살았다는 말은 단순히 용왕제를 풍성하게 지냈다는 말이 아닙니다. 그보다는, 물나라에 용왕님이 계시다는 사실을 알고, 물길을 함부로 막거나 끊거나 그런 '배우지 못한 놈의 짓'을 하지 않았다는 말입니다.

치산치수治山治水라는 말을 쓰기는 했지만, 어디까지나 용왕님의 뜻(요즘 말로 하면 '물의 논리'쯤 되겠지요)을 받들어 모시는 바탕 위에서 둑을 쌓

기도 하고 보를 막기도 하고 그랬지, 물 자체를 인간의 욕심을 채우기 위한 '자원'으로만 보고 '수자원공사'를 설립하여 함부로 물길을 막았다가 틀었다가 아예 물의 숨통을 끊어버리기까지 하는 막된 짓을 하지는 않았습니다.

가만히 보면 용왕님의 신세가 참 딱하게 되긴 하셨지만 그러나 아직 돌아가시지는 않으셨나봅니다. 우리가 하도 물의 은혜를 모르고서 함부로 날뛰며 물을 업신여기고 물에 대하여 불학무식으로 깡패처럼 구니까, 참여정부가 새만금 틀어막는 걸 보시고, 이대로 두었다가는 지상에 물이 마르는 건 나중이고 인간들이 먼저 죽겠구나 싶어서, 드디어 늙은 몸 일으켜 '비상수단'을 쓰시는 걸 보면 말입니다.

이 나라 대통령 이명박 씨와 그의 부하들은 지금 용왕님의 심부름을 하고 있는 겁니다. 용왕님은 그들을 시켜 한반도 대운하를 파겠다고 하시며 우리에게 묻습니다.
"이래도 정신 못 차리겠느냐? 이래도 너희가 내 은혜를 망각하고 물을 함부로 쓰고 함부로 버리겠느냐?"

이제라도 우리가 물의 은혜를 깨닫고 용왕님께 저지른 온갖 무례를 사죄하고 정신 차려서 '물의 흐름'(자연의 법도)에 역행하는 생각과 말과 행동을 고친다면, 용왕님의 심부름꾼들은 적당한 수고비를 받고 물러날 것입니다.

우리는 용왕님의 심부름꾼에 지나지 않는 이명박 씨와 그 부하들을 미워하거나 적대해서는 안 됩니다. 오히려 그들이 아니었으면 여전히 용왕님께 무례를 범하고 물의 은혜를 망각하며 생명의 길이 아니라 죽음의 길을 내달리고 있을 우리 자신을 반성하고, 서둘러 회개하는 모습을 보여야 할 것입니다.

전 국민이 회개하기를 바라는 것은 무리입니다. 의인義人 열 명만 있어도 소돔과 고모라는 망하지 않습니다. 이 나라 국민의 열 가운데 하나만 정신 차려 돌아서서 물을 대하는 태도를 바꾸어, 보이지 않지만 분명히 살아계시는 용왕님을 제대로 섬기면 '대운하'는, 저 옛날 '바벨탑'처럼, 이름만 있고 실물은 처음부터 없는 것입니다.

두바이 열풍 앞에서

두바이에 대하여 공부 많이 했고 수십 차례 현지답사도 했다는 대학교수의 강연을 라디오로 들었습니다. '두바이'를 영문으로 어떻게 쓰는지 모르겠습니다만, 그것을 '두 바이(Do Buy, 제발 사시오)'로 표기하는 '아이디어'를 영국 회사로부터 엄청난 값에 샀다는군요.

두바이에서는 돈만 되면 뭐든지 팔겠다고 한답니다. 아무튼 아주 신나고 어마어마한 일들이, "만화 같은" 요지경들이, 거기에서 환상이 아닌 현실로 이루어지고 있는 모양입니다. 우리나라도 한몫 거들어 그곳에다 세계에서 가장 높은 빌딩을 짓는다지요?

두바이! 두바이! 바야흐로 두바이 열풍 아니 광풍이 이 땅에도 불어닥칠 기세입니다. 우리나라처럼 일인 독재가 불가능한 나라에서 두바이 현실을 그대로 수입할 수야 없겠지만, 기업들은 그렇게 할 수 있지 않겠느냐고, 교수님의 결론은 그것이었어요.

한 시간 가까이 흥분된 강의를 듣고 난 소감은, 아아, 이제 정말 자본주의 물질문명이 소멸의 장場으로 들어갔구나, 그것도 거의 끝장까지 갔구나, 하는 분명한 느낌이었습니다.

이제 곧 두바이에서 전 세계 사람들이 돈으로 사고 팔 수 있는 모든 쾌락을 맛보게 될 것입니다. 그런 다음, 돈으로는 떨쳐버릴 수 없는 환멸과 절망을 안고 쓸쓸히 돌아서겠지요. 돌아서서, 돈으로 살 수 없는 진정한 행복을 찾아 저마다 자기 내면으로 들어갈 것입니다. 이미 그 길을 걷고 있는 선배들 뒤를 좇아서! 환멸과 절망에 지쳐 쓰러진 자들에게는 그 길 밖에 다른 코스가 없으니까요.

그러나 그와 같은 부활을 얻기 위해서는 어쩔 수 없이 죽음을 경험해야 합니다.

희망과 기대에 찬 대학교수의 '두바이 강연'을 듣는 동안, 다가오는 제 육신의 죽음과 함께 이 세대와 문명의 죽음이 내다보였습니다. 그리고 그것은 저에게 절망이 아니라 가슴 벅찬 희망이었어요. 예, 모든 일이 순서대로 빈틈없이 진행되고 있는 게 분명합니다.

2부

그냥 사람

제행무상

사람 몸이 끊임없이 바뀐다는 것은 엄연한 사실입니다. 누구도 바뀌지 않을 방도가 없습니다. 존재하는 것이 곧 바뀌는 것이기 때문입니다.

바뀌는 것은 사람의 몸만이 아닙니다. 생각도 바뀌고 마음도 바뀝니다. 어떤 사람의 생각이 바뀌었다 해서 그 이유만으로 비난한다면 난폭한 억지가 아닐 수 없습니다. 사람의 생각도 몸처럼 바뀔 수 있고, 실은 바뀌어야 하는 것이니까요.

한 번 가진 생각을 바꾸려 하지 않고 언제까지나 고집한다면, 본인을 위해서나 세상을 위해서나 불행한 일이라 하겠습니다.

저는 어렸을 적에, 절에는 가도 좋지만 천주교에는 절대 가지 말라는 목사님 말씀을 듣고 천주교라는 데가 가면 안 되는 곳인 줄 알았습니다. 그렇게 어린 시절을 보냈어요. 하지만 어른이 되면서 천주교와 개신교가 같은 그리스도교라는 사실을 알게 되었고, 그래서 어렸을 때 가졌던 천주교에 대한 제 생각을 미련 없이 버렸습니다. 아니, 어쩌면 제가 어린 시절에 가졌던 천주교에 대한 생각(사실은 제 생각이라기보다 어느 목사님의 생각이었지요)을 버렸기에, 두 교회가 한 교회라는 진실을 보게 되었는지 모르겠습니다.

그런데 사람은 참으로 대단한 존재라서, 자기의 생각이 바뀌는 것을 거부하고 굳게 잡아 한 자리에 모셔두는 능력이 있나봅니다. 하지만 본디 바뀌고 움직이게 되어 있는 물건을 고의로 또는 억지로 고정시켜두면 결국 마비되고 말겠지요. 육체의 마비는 부끄러워하면서 정신의 마비를 오히려 자랑스럽게 여긴다면, 그 어리석음이 얼마나 크다 하겠습니까?

어제 보았던 강줄기가 오늘 아침에도 거기 그렇게 있는 것은 밤새도록 강물이 쉬지 않고 흘렀기 때문입니다.

늙어가면서 자기 생각에 스스로 갇혀, 다른 생각을 받아들이기는커녕 그것이 겁나서 사납게 공격하는 모습을 연출하지는 말자고, 자신에게 자주 타이르곤 합니다.

새소리가
새를 느끼듯

꿈에 어디론가 여행 중이었어요. 같이 가는 누군가에게 제가 말했지요. "우리는 지금 관광하는 중이니까 무엇이든지 눈여겨 잘 봐둬. 왜냐하면 언제고 죽어야 할 몸이거든."

바로 그때 사타구니가 급하게 가려워 잠이 깨었어요. 아마 잠에서 깨어나는 순간이었을 겁니다. 선생님이 저의 마지막 말을 이렇게 고쳐주시더군요. "왜냐하면 언제고 죽어야 하는 몸으로 여행하는 중이거든."

"언제고 죽어야 하는 몸"인 나와 "언제고 죽어야 하는 몸으로 여행하는" 나는, 물과 물결 또는 금과 금반지처럼, 같으면서 다릅니다.

아, 나는 정말 누구일까요? 언제고 죽어야 하는 이 몸이 나일까요? 이 몸으로 여행하고 있는 게 나일까요? 둘 다 나지요. 하지만, 물결이 물의 한 모습이고 금반지가 금의 한 모양이듯, '죽어야 하는 몸'인 나는 '죽어야 하는 몸으로 여행하는' 나의 한 모습인 것입니다. 물결 하나가 꺼지면서 다른 물결이 생겨나듯, 죽어야 하는 몸이 죽으면서 다른 몸이 생겨나는 거예요. 그런 걸 '윤회'라고 부르든 '영생'이라고 부르든 그거야 말(그릇)일 뿐이고, 거기 담긴 내용이 같다면야 상관없는 일입니다. 칼릴 지브란의 예언자 무스타파는 죽음의 배를 타고 해변을 떠나면서 이렇게 말하지요. "또 다른 여인이 나를 잉태하리라."

자다 말고 일어나 앉아 글을 쓰고 있는 이 물건은 도대체 누구일까요? 다시 묻습니다. 자다 말고 일어나 글을 쓰고 있는 이 물건으로 글을 쓰고 있는 건 누구일까요?

정말이지 누가 내 눈으로 저 검은 창밖을 보고, 누가 내 귀로 저 풀벌레들 울음소리를 듣는 걸까요? 누가 내 가슴으로 슬퍼하고 누가 내 눈물로 우는 걸까요? 이렇게 내 심장으로 피를 뿜고 내 발로 땅 위를 걷는 게 정말 누구일까요?

그를 만나 그와 하나 되는 것이 제 소원입니다. 하지만 저는 알지요. 이 소원이 원천적으로 이루어질 수 없다는 것을! 왜냐하면 '그'와 '저'는 한순간도 떨어진 적이 없으니까요. 물결이 어떻게 물을 떠나고 금반지가 어떻게 금을 떠나며 새소리가 어떻게 새를 떠날 수 있겠습니까? 헤어지지 않은 연인들이 만나서 하나 될 수는 없는 일이지요.

그러나 만일 제가 저를 하나의 물결로 본다면, 한 개 금반지로 알거나 한마디 새소리로 여긴다면, 그러면 제가 있다가 없어지는 일이 가능하지요. 가능할 정도가 아니라 오히려 당연하지요.

물결이 저를 물결로 보는 것은 오류가 아닙니다. 따라서 나는 죽을 수

밖에 없는 몸이라고 말하는 것은 잘못된 말이 아니지요. 하지만, 물결이 저를 물결로만 안다면 그것은 자기가 물이라는 진실을 미처 몰라서 그러는 것입니다. 내가 죽는다고 말하는 것도 아직 자기에 관한 진실을 깨치지 못해서 그런 말을 하는 거예요.

이 밤, 선생님은 저에게 다시 일깨워주시는군요. 너는 죽을 수밖에 없는 몸이면서 동시에, 죽을 수밖에 없는 몸으로 여행 중인, 죽을 수 없는 몸이라고요. 이 두 진실을 온몸으로 알면, 그래서 꿈속에서도 "왜냐하면 언제고 죽어야 하는 몸으로 여행하는 중이거든"이라고 말하게 되면, 그때 비로소 너는 자유라고요.

이제부터는 누가 내 눈으로 저 나무를 보는 거냐고 묻지 않겠습니다. 아무리 물어도 그 '답'을 제 머리에 담을 수는 없을 테니까요. 대신에, 나를 여기 이런 모양으로 있게 한 '그'인 '나'를 몸으로 느끼며 살아볼 참입니다. 새소리가 새를 느끼듯이 그렇게, '나'인 '그'를 느끼며 사는 거지요. 그러다보면 그 '나'가 지금 저의 모습으로 세상을 여행하며 제가 주인공인 이야기를 만들고 있듯이, 같은 '나'가 그대 모습으로 같은 세상을 여행하며 그대가 주인공인 다른 이야기를 만들고 있다는 진실을, 한 점 티끌 없이 확연하게 깨치는 뜻밖의 순간이 올는지 누가 알겠어요?

뭐 그런 날이 오지 않아도 괜찮습니다. 그날을 바라보며, 요지경 같은 세상에서 관광을 즐기는 것만으로도 충분히 행복할 수 있으니까요.

자다 깨어 불을 밝히고 이 글을 받아 적고 있자니, 그렇게도 급하게 가렵던 사타구니가 언제 그랬더냐 싶게 안녕하시네요. 허, 그것 참!

내게 당신이
소중한 까닭

침묵을 노래한 시詩야 헤아릴 수 없이 많겠지만 일본 하이쿠 완성자로 알려진 바쇼(松尾芭蕉, 1644~1694)의

해묵은 연못이여
개구리 뛰어든 물소리

는 과연 절창絶唱이라 하겠습니다.

아주 오래된 연못입니다.
사람들 발길 끊어진 고궁 안뜰 한구석, 이끼 덮인 바위로 둘러싸인 연못입니다.
늦은 봄날, 그 물에 개구리 한 마리 뛰어들어 무거운 정적靜寂을 깨뜨

립니다.

툼-벙!

그러고는 이내 사방이 고요합니다.

고요함에서 왔다가 고요함으로 돌아간 뜬금없는 소리 하나!

그 소리 하나가 무겁고 깊은 정적이 거기 있음을 세상에 알리고는 자취도 없이 사라집니다.

침묵이 저한테서 나오는 소리로 말미암아 깨어지지 않는다면, 소리 하나 침묵에서 나와 바깥세상에 잠시 머물다가 다시 침묵으로 들어가지 않는다면, 우리는 침묵이 있음을 끝내 모를 것이고, 그것이 있음을 우리가 모르면 그것은 우리에게 없는 것입니다.

엄마는 아기를 낳고 아기는 엄마를 드러내듯이, 침묵은 소리를 낳고 소리는 침묵을 드러냅니다.

세상에 존재하는 모든 소리가 침묵에서 나왔다면, 세상에 존재하는 모든 사물은 공허空虛에서 나왔습니다. 침묵이 소리를 있게 하듯이, 공허가 사물을 있게 합니다.

모든 소리가 침묵에서 나와 침묵으로 돌아가듯이, 모든 사물이 공허에서 나와 공허로 돌아갑니다. 그 침묵, 그 공허를 나는 '하느님'이라 부릅니다.

없이 계시는 그분이, 당신이면서 당신 아닌 모든 것을 있게 하십니다.

귀에 들리는 소리, 눈에 보이는 사물이 모두 내게 소중한 까닭은 그것들이 저마다 침묵과 공허를 드러내기 때문이요, 내 눈길이 그것들을 타고서(乘) 하느님에 이르러 깊은 고요 속에 쉴 수 있기 때문입니다.

내게는 내 몸이 무엇보다 소중합니다. 내 몸이기 때문이 아니라, 이 물건이 내게 하느님을 보여주기 때문이요. 이것 없이는 내가 하느님에 닿을 수 없기 때문입니다.

똑같은 이유로, 내게는 당신이 참 소중합니다. 당신 겉모습이 어떠하든, 당신이 누구며 어디에 속해 있고 무슨 일을 하면서 어떻게 살아가든, 그런 건 아무래도 상관없는 일입니다.

무엇에도
걸리지 않는
참 자유

꿈이었어요. 많은 무리에 섞여 어느 집을 방문하였습니다. 집 주인이 쇠고기 통조림과 야채로 두툼하게 만든 햄버거를 하나씩 접시에 담아 내어놓았어요.

나는 고기를 먹으면 두드러기가 나는 알레르기 체질 때문에 잠시 망설였습니다. 그러나 그것밖에는 먹을 것이 없고, 사실은 먹고 싶어서, 저에게 돌아온 몫의 빵을 집어 들었지요. 그리고 한 입 베어 물었습니다. 고기는 길고 가늘게 찢어지는 붉은색 홍두깨살이었어요.

그렇게 쇠고기 햄버거를 먹다가, 지금 이것은 꿈속에서 이루어지는 일이니까 실제로 내 몸엔 아무 일 없을 것이라는 생각이 들더군요. 그러자 모든 것이 참 재미있게 느껴지는 것과 동시에 꿈에서 깨어났습니다.

깨어나는 순간 떠오르는 말이 있었어요.

"꿈에 살인을 했다는 이유로 심판받는 사람은 없다. 마찬가지 이유로,

이 세상 살아가는 동안 지은 허물과 죄 때문에 심판받는 영혼은 없다. 다만, 육신으로 살아가는 동안에는 육신을 벗을 수 없듯이, 그 누구도 꿈에서 깨어나기 전에는, 아무리 여러 번 죽었다가 환생을 해도, 카르마의 법칙을 벗어날 수 없는 까닭에, 살인을 했으면 그에 마땅한 벌을 받아야 한다. 그러나 비록 꿈속에서라도 이것이 꿈이라는 진실을 확연하게 깨친 사람은 무엇에도 걸리지 않고 어디에도 갇히지 않는 참 자유를 누린다."

이 세상 잠시 살아보는 동안 제가 저질렀다고 생각되는 온갖 허물과 죄 따위가 건드릴 수 없는 깨끗한 영역, 제가 이루었다고 생각하는 공로나 업적 따위가 더럽힐 수 없는 맑고 투명한 영역, 거기가 바로 저의 참나(眞我)임을 기억하고, 손에 잡히고 눈에 보이는 것들을 착실하게 경험하되 그것들에 걸리거나 갇히는 일이 없도록 조심해야겠습니다.『금강경』 마지막 문장이 생각나는군요.

"세상에서 벌어지는 모든 현상이 꿈같고 허깨비 같고 물거품 같고 그림자 같고 이슬 같고 번개 같으니 마땅히 그렇게 보아야 한다(一切有爲法, 如夢幻泡影, 如露亦如電, 應作如是觀)."

아무것도 아닌 것

　어느 날 선생님이 저에게 "너 아무것도 아니다(You are nothing)"라고 일러주셨을 때 그 한마디 말씀이 스스로에게 절망하고 있던 저를 구해주셨다는 얘기는 몇 번인가 한 적이 있습니다.
　오늘 아침, 서울 가는 버스에서 에크하르트 톨레Eckhart Tolle의 글을 읽다가(참고하시라고 그 대목을 아래에 옮겨놓았습니다) 문득, '아무것도 아님(nothing)'의 새로운(?) 뜻이 제 가슴에 스며드는 것을 보았습니다.

　'아무것도 아님(無)'은, 다른 말로 하면, '비어 있음(空)'입니다. 이것도 아니고 저것도 아니라는 부정의 뜻과 함께 스스로 비어 있다는 긍정의 뜻을 아울러 담고 있는 거예요. 말 그대로 허공이지요. 그러니까 '무엇'이 아무것도 아니라는 말은, 그 '무엇'에 '나'라고 할 만한 것이 없고, 바로 그 때문에, 그 '무엇'이 다른 모든 것을 있게 한다는 뜻입니다.

그런즉 "너 아무것도 아니다"라는 말은, 허공이 자기의 '나'가 없으면서 만물을 존재하게 하는 것처럼, 너도 너의 '나'가 없으면서 다른 모든 것을 존재하게 하고 있다는 엄청난 말인 거예요.

가만히 제 몸을 만져보았습니다. 심호흡을 하면서, 이 '물건'을 포함하여 저 들판과 나무들과 온 세상 만물을 존재하게 하는 '나'를 느껴보려고 했지요. 감각으로 느껴지지는 않았지만, 뭐라고 말할 수 없는 아늑함과 고요함과…… 그런 순간이었어요.
이 '순간'을 연장하는 것이 명상이라고 말한 분은 소걀 린포체Sogyal Rinpoche였던가요?

예수님이 제자들에게, 자기를 부정하라고 말씀하신 것은 부정할 자기가 따로 없다는 진실을 깨치라는 말씀이었을 것입니다. 내가 나를 부정하면 나를 부정한 내가 더욱 완강하게 존재할 테니까요. 동시에, 자기의 '나'가 없음으로써 다른 모든 것을 있게 하는 허공 같은 나로, 하느님의 닮은꼴로, 살아가라는 말씀이었을 거예요.
여기서 생각을 접고, 들숨과 날숨 사이 틈으로 돌아가야겠습니다.

모든 소리가 침묵에서 나고 침묵으로 돌아간다. 그리고 잠깐 살아 있는 동안에도 침묵에 둘러싸여 있다. 침묵이 소리를 있게 한다. 침묵은 모든 소리, 모든 음악, 모든 노래, 모든 말의 본질이면서 드러나지 않는 부분이다. '표명되지 않는 분(the Unmanifested)'이 세상에 침묵으로 존재한다. 하느님처럼 완벽한 침묵으로 존재하는 이가 없다는 말이 그래서 있는 것이다. 당신들이 해야 할 유일한 일은 다만 그것에 집중하는 것이다. 말을 할 때에도 말과 말 사이 틈을 의식하고, 글을 읽을 때에도 문장과 문장 사이 짧은 침묵을 의식하는 것이다. 그렇게 하는 동안 고요함의 지평이 당신 안에서 넓어진다. 안으로 고요해지지 않고서는 침묵에 집중할 수가 없다. 밖으로 침묵, 안으로 고요. 그렇게 당신은 '표명되지 않는 분' 안으로 들어간다.

침묵 없이는 어떤 소리도 존재할 수 없듯이, 아무것도 아님(nothing) 없이는, 그것을 존재할 수 있게 해주는 허공 없이는, 그 무엇도 존재할 수 없다. 모든 물질과 몸이 무無(nothing)에서 나와 무에 둘러싸여 있다가 무로 돌아간다. 뿐만 아니라 모든 물질 안에도 '있는 무엇(something)'보다 '없는 무엇(nothing)'이 훨씬 많다. 물리학자들은, 고정된 물질이란 하나의 환상이라고 우리에게 말한다. 우리 몸을 포함하여 아무리 단단해 보이는 물질도 거의 100퍼센트 가까운 허공으로 채워져 있다는 것이다. 불교는 벌써 2,500년 전에, '모양은 비어 있음이고 비어 있음은 모양이다(色是空. 空是色)'라고 가르쳤다. 존재하는 모든 것의 본질이 비어 있음(空)이라는 말이다.

'표명되지 않는 분'은 이 세상에 침묵으로 존재할 뿐 아니라 전체 물질계의 안팎을 허공으로 가득 채운다.

— 에크하르트 톨레, 『지금의 힘(The Power of NOW)』.

나보다 큰 내 몸

먹을 게 풍성한 한가위 명절입니다.

사람은 살아 있는 동안 무언가를 먹어야 합니다. 안 먹고는 살 수 없도록 되어 있거든요. 먹는 일이야말로 인생의 중대사가 아닐 수 없습니다.

그런데, 다른 일도 그렇지만, 저를 포함하여 많은 사람이 음식 먹는 일을 제대로 정신 차려서 하는 것 같지 않더군요. 무슨 말이냐 하면, 함부로 생각 없이 먹거나, 자기한테 맞는 음식인지 아닌지도 모르고 남들이 맛있게 먹으니까 덩달아서 먹는 경우가 자주 있더라는 얘기올시다.

사람마다 체질이 달라서 누구한테는 닭고기가 좋지만 누구한테는 좋지 않다는 사실이 일반 상식 아닙니까? 저도 인삼이 몸에 맞지 않아서, 그걸 모르고 먹다가 몇 번 탈이 났습니다만, 어느 한의원이 가르쳐준 뒤로는 인삼을 먹지 않습니다.

그런가 하면 몸이 거부하는 음식도 있지요. 제 경우에는 돼지고기, 소고기, 닭고기를 먹으면 몸에 두드러기가 나서 몹시 괴롭습니다. 물론 전에는 안 그랬어요. 곱창과 순대는 제가 좋아하는 음식 목록에 들어 있었고, 자주 즐겨 먹었습니다. 그런데 십 년쯤 되었을까? 제 몸이 그것들을 거부하기 시작한 거예요. 분명히 말합니다만, 그것들을 거부한 것은 제가 아니라 제 몸입니다. 이 말은 돼지고기 못 먹는 것을 제 몸 탓으로 돌리자는 게 아닙니다. 오히려, 저는 지금 제 몸이 저보다 크고 높고 우선優先이라는 말씀을 드리고자 하는 것입니다.

제가 제 몸에 복종하여 먹고 싶은 돼지고기를 먹지 않으면 저와 제 몸이 두루 평안한데, 제 몸을 저에게 복종시켜 먹고 싶은 돼지고기를 먹으면 저와 제 몸이 함께 괴롭습니다. 이는 저보다 제 몸이 상관이라는 사실을 말해주는 것 아니겠어요?

제 몸이 저보다 크고 높다는 사실이야말로 엄정한 진실입니다!
몸이 먹자는 대로 음식을 먹으면 음식 때문에 탈이 날 수가 없는 거예요. 고맙게도 제 몸이 저에게 이 진실을 깨우쳐주셨습니다.

그런데 평소에 저를 보면 몸이 뭐라고 말하는지를 알아보지도 않고 그냥 맛있어 보이는 음식이면 먹고 보는 것이 저의 딱한 현실이지요. 깨어 있는 가운데 산다는 것이 저에겐 아직 멀었나봅니다.

그래도 제 몸을 저보다 높은 자리에 모시고, 음식뿐 아니라 다른 모든 행위에 있어서도, 몸의 말씀에 귀를 기울여, 제 몸이 시키는 대로 하겠다는 저의 각오만은 흔들리지 않을 것입니다. 여기서 제가 말하는 제 몸은, 에누리 없이, 우주요, 그리스도요, 저를 지극히 작은 부분으로 내포한 저의 '온(卒)'입니다.

사도 바울로는 우리에게 말씀하십니다. "여러분의 몸은 여러분이 하느님께로부터 받은 성령이 계시는 성전이라는 것을 모르십니까? 여러분의 몸은 여러분 자신의 것이 아닙니다"(고전, 6: 19). 그분은 '여러분'이 성령의 집이라고 말하지 않고, '여러분의 몸'이 성령의 집이라고 하셨습니다.

저한테는 너무나도 뚜렷한 경계가 있지만 제 몸에는 경계가 없습니다. 사람 몸에는, 그것이 누구의 몸이든 간에, 시공時空의 경계가 없고 안과 밖이 따로 없으니까요. 고요한 호흡 명상에 들어가면 누구든지 느낌으로 알 수 있을 것입니다.

제가 제 몸에 복종한다는 말은, 노자 투로 말하면, 나뭇잎이 나무에, 나무가 땅에, 땅이 하늘에, 하늘이 도道에, 도가 자연에 복종한다는 말입니다.

저한테 제 몸이 있는 게 아니라 제 몸이 저를 품고 있습니다. 그러니, 먹고 자고 일하고 생각하고 움직이는 모든 일에 저보다 제 몸의 뜻을 받들어 그대로 따른다면, 그것이 바로 순천자존順天者存의 길(道) 아니겠습니까?

환장할 진실

잠깐 서울 나들이를 했어요. 전철을 탔는데, 맞은 편 좌석에 일곱 사람이 나란히 앉아 있더군요. 한 사람 한 사람 실례 안 될 정도로 살펴보았어요. 어쩌면 그렇게 저마다 다른 얼굴인지, 새삼 놀랐습니다.

그런데요, 모두가 독특하게 다르면서 한 가지 어쩔 수 없는 공통점을 안고 있는 게 보이더군요. 어쩔 수 없는 공통점이라는 게 뭐냐 하면, 저마다 모양새가 다르지만, 저런 모양으로 지금 저 자리에 앉아 있도록 한 그 무엇을(누구를) 공통으로 가리킨다는 점입니다.

아브라함 헤셸Abraham J. Heschel이 "존재하는 것은 나타내는 것(To be is to stand for)"이라고 했는데, 정말입니다. 제 앞에 나란히 앉아 있는 저마다 독특한 일곱 얼굴들이 눈에는 보이지 않지만 어디에나 있으면서 그런 까닭에 '하나'일 수밖에 없는 '무엇'을('누구'를) 저에게 보여주고 있었어요.

순간, 몸에 약간 소름이 돋는 것 같더니 어디선가, "괜찮아, 괜찮아, 너를 포함하여 모두가 나한테서 나오고 나한테로 돌아오는 내 얼굴들이야" 하는 속삭임이 들려오는 것이었습니다.

그 '무엇'이 저기 있어서 이 '모든 것들'이 여기 있고, 이 '모든 것들'이 여기 있어서 그 '무엇'이 저기 있음을 우리가 압니다. 그래요, 하느님이 만물을 지으신 것은 그렇게 하지 않고서는 당신의 존재를 드러낼 수 없기 때문 아닐까요? 환한 낮에는 숨어 있던 별들이 캄캄한 밤에 드러나듯이, 모자라고 어둡고 일그러지고 일시적인 우리가 있어서 온전하고 영원한 하느님이 환하게 빛난다는 생각과 함께, 누군가 제 속에서 중얼거리는 것 같았어요.

"모든 것이 거룩하다. 그러므로 거룩한 것은 없다!"

문득 노래를 부르고 싶더군요. 하지만, 소리 내어 부르지는 않았습니다. 노랫말은 대충 이랬어요.

사랑에서 나온 사랑들이
사랑으로 돌아가네, 거룩한 흐름이여!

누가 어떤 모습으로 내 앞에 다가와도, 그 모습에 가로막혀, 그것이 가리키는 온전한 아름다움 자체를 놓치지는 않으리라고, 속으로 다짐 또 다짐하였습니다.

예쁜 아가씨의 고운 손가락만이 밝은 달을 가리키는 것은 아닙니다.

똥치는 막대기도 얼마든지 밝은 달을 가리킬 수 있는 거예요. 더군다나 깜짝 놀랄 소식은, 세상에 존재하는 모든 것들이, 그 얼굴이야 성자의 환한 얼굴이든 도둑놈의 시커먼 얼굴이든, 모두가 어쩔 수 없이, 한 분 하느님을 가리키고 있다는 환장할 진실입니다.

어느 낯선 고장에서

어느 낯선 고장에서 집을 짓는 꿈이었어요.

벽돌을 잔뜩 쌓아놓았는데 그 고장 사람들이 떼로 몰려오더니, 자기네 벽돌을 쓰지 않고 다른 데서 벽돌을 사왔다며 강력하게 반발하는 것이었습니다. 아니, 반발 정도가 아니라 아예 집을 짓지 못하도록 방해하는 것이었어요.

당연히(?) 싸움이 벌어졌고, 나는 배우 이소룡처럼 번개 같은 솜씨로 그들의 대표인 촌장을 한 방에 쓰러뜨렸지요. 그러면서 꿈이 흔들렸고, 그러나 아직 완전하게 깨어나지는 못한 상태에서, 땅바닥에 나가떨어진 것이 촌장이 아니라 바로 나라는 사실을 알게 되었고, 어느새 나는 돌아가신 부모님께 도움을 청하고 있었습니다. 아버지가 말씀하셨어요.

"넌 지금 너에게 맡겨진 일을 잘하고 있으니 걱정할 것 없다. 다만, 결과에 너무 매달리지 않는 것이 건강에 좋을 게다."

"어머니는 왜 안 보입니까?"
"네 어머니는 돌아가셨다."
"예? 아니, 거기서도 돌아가시나요?"
"너 있는 곳으로 다시 들어가셨다는 말이다."
"그럼, 어머니가 지금 이 세상에 계신 겁니까?"
"잘 보아라. 네가 방금 쓰러뜨린 촌장이 네 어머니다."

빛으로 말미암아

한번은 강원도 미시령 골짜기 어느 산골교회에 갔다가 밤중에 오줌이 마려워서 교회 마당을 건너질러 변소를 찾아가는데 갑자기 정전이 되었어요. 그날따라 하늘엔 먹장구름이 두터웠고, 그 깊은 산골짜기에 전등이 나가니까 우와! 진짜 깜깜 어둠이더군요. 아무것도, 정말 아무것도, 눈에 들어오지 않는 겁니다. 눈을 있는 대로 크게 떠도 소용이 없는 거예요.

눈이 안 보이니까 저절로 발바닥이 땅바닥에 붙어버려 도무지 움직일 생각을 않는 거 있지요? 괜히 두 팔만 휘저으며 뭔가 손에 잡히기를 기대하는데, 참말이지 어둠이 그런 것인 줄 처음 알았습니다.

덕분에, 눈이 사물을 본다는 착각에서 조금 벗어날 수 있었어요. 눈이 없으면 물론 사물을 볼 수 없겠지만 눈이 있어도 빛이 없으면 역시 아무것도 볼 수 없는 겁니다. 빛이 없으면 눈도 없는 것이고, 그 눈으로 볼 대상도 없는 거예요. 눈이 빛을 밝게 해주는 게 아니라 빛이 눈을 밝게 해주는 것임을 그 경험으로 알게 되었습니다. 사람이 무엇을 보려면 빛도 눈도 있어야 하지만, 눈보다 빛이 먼저라는 얘기올시다.

제가 지금 이렇게 종이에 글을 쓰는 것도, 종이가 있고 펜이 있고 저도 있고 그래서 가능한 일이지만, 그보다 먼저 빛이 있어서 종이도 있고 펜도 있고 저도 있는 거예요. 평소에 그걸 알고 유념할 필요가 있습니다. 빛을 의식하는 것을 다른 말로 하면, 하느님을 의식하는 것이라고 할 수 있겠습니다. 빛은 자기 체體를 따로 가지지 않고 모든 체를 존재하게 한다는 점에서 하느님과 다를 바가 없어요. 그래서 요한은 하느님과 말씀과 빛을 동격으로 보지요.

그대가 오늘 아침에 무엇을 보았다면 그걸 보는 순간 그대는 빛과 함께 있었습니다. 지금 이 순간 무엇을 보고 있다면 지금 이 순간 그대는 빛과 함께 있는 거예요.

혹시 어둠 속에 묻혀 있는 그대, 아무것도 알아보지 못하여 답답한 그대 모습이 보입니까? 그렇다면 그대는 지금 아주 밝은 빛 속에서 눈을 크게 뜨고 있는 겁니다. 그러지 않고서야 어둠 속에 묻혀 있는 그대 모습이 보일 리 없으니까요.

미시령 골짜기 산골교회 전등불은 꺼질 수 있지만, 우주를 텅 빈 충만으로 채우고 있는 저 하늘 '빛'은 꺼질 수가 없습니다. 존재하는 모든 것이 그 빛으로 말미암아 그 빛 속에 있거늘, 아무리 못난 그대라 해도 어찌 열외일 수 있겠습니까?

아메리카 원주민의
지혜와 통찰

아래는 오논다가Onondaga 페이스 키퍼(신앙을 지키는 사람)라는 별명으로 알려진 오렌 리용스Oren Lyons의 글입니다.

개인 차원에서든 정부 차원에서든 무엇을 결정할 때마다 우리는 뒤에 올 일곱 세대를 염두에 둔다. 아직 태어나지 않았지만 우리 뒤에 올 사람들에게 지금보다 더 나빠지지 않은, 바라건대 지금보다 더 좋아진 땅을 물려주는 것은 우리의 성스러운 임무다. 어머니 땅 위를 걸을 때마다 우리는 매우 조심스럽게 발을 옮겨놓는다. 앞으로 올 세대 사람들이 땅거죽 아래에서 우리를 올려다보고 있음을 알기 때문이다. 우리는 결코 그들을 잊지 않는다.

다음은 아베나키Abenaki족 울프 송(늑대 울음)의 글입니다.

진정한 영예와 존경은, 지금 여기 우리와 함께 살아 있는 땅과 물과 식물과 동물을 우리와 똑같은 권리를 지닌 존재로 여기고 그렇게 대하는 것이다. 사람은 진화의 정점에 서 있는 전지전능한 존재가 아니다. 저마다 제 자리에서 자기 목적을 충족시켜가는 나무, 바위, 코요테, 독수리, 물고기 그리고 두꺼비들과 함께 신성한 생명의 고리를 이루고 있는 가족일 따름이다. 저들이 신성한 생명의 고리 안에서 자기에게 주어진 몫을 감당해나가듯이 우리 또한 우리에게 주어진 몫을 하고 있는 것이다.

다음은 수우Sioux족 추장 루터 스탠딩 베어(서 있는 곰)의 말인데, 여기 나오는 '와칸 탕카'는 모든 존재의 근원이면서 모든 존재로 자신을 표출하는 아메리카 원주민들의 '하느님'입니다.

우리는 예배하기를 좋아했네. 태어나서 죽기까지, 우리를 감싸고 있는 것들을 존중했어. 우리는 저마다 부드럽고 따스한 어머니 땅 무릎에서 태어났고, 그래서 어디에도 천박한 곳이 없었지. 우리와 저 큰 거룩(the Big Holy) 사이에는 아무것도 끼어들지를 못했네. 우리들 사이는 참으로 은밀했고, 하늘에서 내리는 빗줄기처럼 와칸 탕카의 축복이 머리 위로 흘러내렸지.

다음은 1967년, 아흔여섯 살 나이로 죽은 워킹 버펄로(걷는 들소)가 죽기 전에 남긴 말입니다.

당신들도 알다시피, 석조건물보다는 언덕이 언제나 더 아름답다. 도시에서 사는 인생은 인조人造 인생이다. 대부분 사람들이 자기 발밑에 있는 진짜 흙을 거의 느끼지 못하고, 화분에서 자라는 식물 말고는 아는 식물이 없고, 가로등 너머 반짝이는 별들로 찬란한 밤하늘을 올려다보지 못한 채 살아가고 있다. 와칸 탕카가 빚어놓은 아름다운 정경들을 저토록 멀리 하고 살아가니, 사람들이 그의 법을 망각하는 일은 아주 쉬운 일이다.

다른 자리에서 그는 또 이렇게 말했습니다.

오, 그래. 나도 백인들 학교에 다녔네. 거기서 교과서와 신문과 성경 읽는 법을 배웠지. 그러나 머잖아 그것들로는 부족하다는 사실을 알았어. 문명인들은 사람이 만든 인쇄물에 너무 많이 의존하더군. 나는 곧 와칸 탕카의 저서인 자연세계로 돌아갔네. 자네도 자연을 공부하면 그분 저서에서 많은 것을 읽을 수 있을 걸세. 자네가 가지고 있는 책을 모두 꺼내다가 햇빛과 눈과 비와 벌레들한테 잠시 맡겨두면 이내 아무것도 남지 않으리라는 것쯤 자네도 알겠지. 그러나 와칸 탕카는 숲과 강물과 산맥과, 인간을 포함한 온갖 동물들로 이루어진 자연대학에서 공부할 기회를 자네와 나에게 언제나 마련해주신다네.

마지막으로, 아메리카 원주민들이 바치는 오지브웨이Ojibway 기도문을 소개합니다.

할아버님, 일그러지고 깨어진 우리를 굽어 살펴주세요. 유독 인간만이 성스러운 길에서 벗어났음을 알고 있습니다. 우리는 어쩌다가 서로 갈라졌지만 다시 하나로 돌아가, 저 성스러운 길을 함께 걸어야 한다는 것도 알고 있어요. 할아버님, 거룩하신 할아버님, 우리에게 사랑과 자비와 존중할 줄 아는 마음을 가르쳐주세요. 그래서 땅과 함께 우리 서로를 치료할 수 있도록.

덧없는 세상에서

이런 말 들어보셨지요? "상황은 사람을 만들지 않는다. 다만 그가 어떤 사람인지를 보여줄 따름이다."

옳은 말씀입니다. 우리는 상황 속에 던져진 존재입니다. 아니, 그렇다고 생각하지요. 우리가 그렇게 생각하면 우리에게는 그런 겁니다. (간혹, 자기가 세계를 만들었고 자기가 상황을 빚었고 자기가 모든 것을 선택했다는 이들이 있는 모양입니다만, 저도 머리로는 어렴풋이 알 것 같은데 몸은 아직 거기까지 못 갔습니다. 머리와 몸이 서로 일치하지 않을 경우, 방향은 머리에 맡기고 걸음은 몸에 맡기는 게 순리겠지요.)

같은 상황에 처해 있으면서 사람들이 저마다 다르게 행동하는 까닭은 그들의 의식수준이 다르기 때문이랍니다. 그러니까 상황은 그 상황에 처한 사람의 의식수준을 비춰주는 거울이라 하겠습니다.

우리가 거울 앞에 서서 보는 것은 거울이 아니라 거기 비친 우리 모습인 것과 마찬가지로 우리가 어떤 상황에 던져졌을 때 거기서 보아야 할 것은 상황이 아니라 그 상황에 반응하는 우리입니다. 그럴 때에 비로소 우리에게 상황은 의미 있는 무엇이 되고 우리는 그 상황으로 말미암아 좀더 바람직한 모습으로 자기를 바꾸어나가게 되는 거지요. 중요한 건 어디까지나 사람이지 그가 관상하는 풍경은 아니잖습니까? 풍경이 있어서 관광객이 있는 건 사실이지만, 풍경을 위해서 관광객이 있는 건 아니거든요.

더 이상은, 원치 않는 상황에 대하여, 피하고 싶은 상황에 대하여, 또는 언제까지나 그 안에 머물러 있고 싶은 상황에 대하여, 그것을 싫어하거나 좋아하는 일에 매달리지 않겠노라 다짐해봅니다.

제행무상諸行無常이라, 모든 상황이 덧없고 거기에 비친 나 또한 덧없는 물건입니다. 덧없는 세상을 덧없는 내가 살아갑니다. 하지만, 그 덧없는 것들의 관계 속에 영원한 무엇이 있다는 얘기 아닙니까? 그게 하느님이라고, 그게 사랑이라고, 그게 참이라고, 사람들마다 부르는 이름이 다르긴 합니다만, 그것을 찾아 그것을 맛보고 그것을 누리는 데, 우리가 덧없는 몸으로 덧없는 세상을 살아가는 보람과 의미가 있다고 저는 봅니다.

영지와 난초는 깊은 산에 나거니와 향을 맡아줄 사람이 없다 하여 향기를 아니 뿜지 않는다(芝蘭生於深林 不以無人不芳)고, 어떻게 하면 오늘 하루 닥치는 모든 상황에 구애받지 않고 그리스도의 향기를 뿜어낼 수 있을까, 그것만 생각하며 살아보렵니다. 되거나 말거나!

해탈의 길

옛적의 훌륭한 선비는 "머뭇거리며 걷는 모습이 마치 겨울 냇물 건너는 것 같았다(豫兮若冬涉川)"는 말씀이 있습니다(『노자』, 15장). 저는 여태 이 말씀을, 살얼음 언 냇물 건너듯 한 발 한 발 조심한다는 뜻으로 읽었습니다. 그런데 오늘 아침, 어느 선사禪師가 선禪이 무엇이냐는 질문에 "밥 먹을 때 밥 먹고 밭갈 때 밭가는 것"이라고 대답했다는 이야기가 생각나면서, 아하, 노자 어르신 말씀이 그러니까 몸과 마음과 뜻과 정성을 지금 여기에서 네가 하고 있는 일에 쏟으라는 뜻이었구나 싶었습니다.

사람들이 목숨 걸고 빙벽 오르기 같은 위태로운 스포츠를 즐기는 것은 그 일을 하는 순간만큼은 모든 시름과 걱정과 두려움에서 벗어날 수 있기 때문이라는군요. 그럴 겁니다. 아차하면 천 길 낭떠러지 아래로 추락할 판인데 무슨 여유가 있어서 어제 겪은 억울한 일을 되씹거나 내일 겪게 될는지 모르는 일을 당겨다가 걱정하거나 그럴 수 있겠습니까? 온 신경을 손끝 발끝에 집중하여 발걸음 하나 옮기는 데 말 그대로 몸과 마음과 뜻과 정성을 모두 쏟겠지요. 바로 그 순간의 고요함이야말로 해탈의 적멸궁寂滅宮이라 하겠습니다.

만약에 누가 밥 먹을 때 밥 먹는 데 몸과 마음과 뜻과 정성을 모두 쏟아 부어서 엉뚱한 곳을 헤매는 일이 없고, 밭갈 때 밭가는 데 몸과 마음과 뜻과 정성을 모두 쏟아 부어서 있지도 않은 일을 쓸데없이 걱정하지 않는다면, 그 사람이야말로 '영원한 오늘'을 사는 지인至人일 것입니다.

그쯤 되면 구태여 빙벽을 찾아 오르지 않고서도 일상생활에서 해탈의 적멸을 맛보겠지요. 시간 속에서 시간을 벗어나고 공간 속에서 공간을 넘어서는 해탈의 길이, 밥 먹을 때 밥 먹고 밭갈 때 밭가는 데 있다니, 그거 참, 그토록 쉬운 일이 어째서 이다지도 어렵게 느껴지는 걸까요?

하지만, 그것이 어렵게 느껴지는 것일 뿐, 실제로 해보면 그토록 어렵지만은 않다는 게 이 길을 먼저 가신 선배들의 증언이니, 그 말을 믿고, 오늘도 지금 여기에서 내가 하고 있는 일에 지극정성을 다하려고 애써볼 따름입니다.

그냥 사람

『채털리 부인의 사랑』으로 유명한 시인, D. H. 로렌스의 짧은 시 한 편 소개합니다.

그는 누구인가?
- 물론 사람이지.
그래, 그런데 뭘 하는 사람인가?
- 살아 있는 사람이지.
허참! 무슨 일을 하느냐니까? 직업이 있을 것 아냐?
- 어째서?
그거야, 그가 빈둥거리는 건달은 아닐 테니까.
- 모르겠네. 그에게는 여가시간이 좀 있는 것 같아. 아주 근사한 걸상을 만들더군.

바로 그거야! 그 사람 가구 만드는 사람이지?
- 아닐세, 아니야!
어쨌든 목수임에 틀림없어.
- 천만에.
자네가 그렇게 말했잖아?
- 내가 뭐라고 했는데?
그가 걸상을 만든다고 하지 않았나?
- 나는 그가 걸상을 만든다고 했지, 목수라고는 하지 않았네.
좋아. 그러니까 그 사람 아마추어 목수로군.
- 딱한 사람! 자네 눈에는 개똥지빠귀가 직업 피리 연주가인가? 아니면 아마추어인가?
개똥지빠귀야 그냥 새지.
- 그 사람도 그냥 사람이라네.
내 그럴 줄 알았어. 자넨 늘 그런 식으로 어물쩍 넘어가지!

세상은 흔히 그 사람이 입은 옷을 보고 그 사람이 하는 일을 봅니다만, 나는 그 옷을 입은 사람과 그 일을 하는 사람을 보고자 합니다. 옷보다 옷 입는 사람이 먼저고 일보다 일 하는 사람이 나중이니까요. 그런데, 그게 생각만큼 잘 되지를 않는군요. 아마도 너무나 오랫동안 사람보다 그가 입은 옷을 보고 사람보다 그가 하는 일을 보아왔기에, 그 버릇이 바위처럼 굳어졌기 때문일 겁니다. 하지만 이제 그 버릇이 잘못임을 알았으니 고쳐 나갈 일만 남았고, 결국 고쳐질 것입니다.

이렇게 제 눈을 고쳐나가면 언제고 모든 사람이 그냥 사람으로 보이는 그냥 사람으로 돌아가 있겠지요. 그날을 보지 못하고 이 목숨 끊어진다 하여도 물론 상관없습니다.

미완성 그림

특별한 재능과 심오한 통찰력은 값을 매길 수 없는 선물이다. 그러나 남을 돕기 위해서 그것들이 꼭 필요한 것은 아니다. 우리가 실패 또는 결함으로 여기는 것들도, 그것들을 스스로 시인하고 남을 돕는 데 활용하면 훌륭한 도구가 될 수 있다.

온통 분노와 증오로 뒤틀린 환자를 치료한 정신과 의사 레이첼 레멘의 경험에서 그 실례를 보게 된다. 그가 만난 환자는 갱신되는 신기록과 고급 승용차와 아름다운 여자 친구들로 에워싸인 대학 육상선수 스타였다. 어느 날 그의 오른쪽 다리에 통증이 왔다. 병원에서 급성 골수암으로 밝혀졌고 결국 두 주 만에 다리를 절단해야 했다.

수술은 그의 목숨을 건졌지만 그러나 그가 알고 있던 인생을 끝장 내버렸다. 그는 크게 절망하여 맹렬한 분노로 자기를 파멸하기 시작했다. 학교를 그만두고 친구들을 떠나 술과 마약에 취하여, 일부러 낸

교통사고로 자살을 시도하다가 살아나는 짓을 되풀이했다. 결국 코치가 그를 레이첼에게 데려갔다.

"그로 하여금 자신에 대한 감정을 드러내게 하려고, 종이와 크레용을 주고 당신 몸을 그려보라고 했다. 그가 항아리 하나를 대충 그리더니 그 가운데로 깊게 갈라진 틈을 그린 다음, 이를 갈면서 종이가 구겨지도록 검정 크레용으로 마구 문질렀다. 그의 눈에 눈물이 괴어 있었다. 분노의 눈물이었다. 그가 그린 그림은 자신의 아픔과 절망을 노골적으로 강렬하게 드러낸 것이었다. 그 깨어진 항아리에는 물을 담을 수 없고, 항아리로서 다른 어떤 기능도 할 수 없음이 분명했다. 나는 그림을 받아서 간직해두었다. 차마 버릴 수가 없었다."

젊은이는 레이첼 레멘을 만나면서 차츰 치유되기 시작했다. 처음엔 다른 사람 돕는 일에 전혀 관심이 없었고, 의사와 간호사들을 향한 분노로 가득 차 있었다. 그러나 시간이 흐르자, 자기처럼 고통당하는 사람들에 대한 관심이 조금씩 생겨났다. 자기와 비슷한 케이스로 수술 병동에 입원한 환자들을 방문하면서, 자기처럼 몸소 고통을 겪은 사람만이 그들에게 다가갈 수 있다는 사실에 기쁨과 보람을 느꼈다. 얼마 안 되어 그는 환자 가족들을 돌보게 되었고 의사들은 그를 환자와 가족들에게 소개했다. 그렇게 남들을 돕는 사이에, 그를 사로잡았던 분노와 증오가 차츰 사라졌다.

"마지막 만나는 자리에서 우리는 그가 걸어온 발자취를 함께 돌이켜보았다. 나는 그의 차트에서 그가 이태 전에 그린 그림을 발견했다. 그에게 이 그림을 기억하느냐고 물었다. 그림을 손에 들고 한참 들여다보다가 그가 말했다. '아시겠지만, 이 그림은 아직 완성되지 않았습니다.' 나는 속으로 놀라면서 크레용 통을 그에게 내밀었다. 그는 노랑 크레용으로 항아리 가운데 검은 틈에서 시작하여 종이 가장자리까지 무수한 금을 그어나갔다. 나는 그 모습을 바라보며 어리둥절했다. 그는 웃고 있었다. 이윽고 항아리 둘레 여백을 노란색으로 가득 채운 그가 깨어진 항아리 검은 틈새를 손가락으로 짚으며 부드럽게 말했다. '여기 이 틈으로 빛이 나오고 있어요.'"

그것으로 남을 돕고자 할 때, 우리의 모든 상처에서 빛이 새어나온다. 루미는 말한다. "그대의 결함들은, 빛이 저를 드러내는 방편들이다. 그것들을 통하여, 빛이 그대 안으로 들어온다."

로저 월쉬Roger Walsh의 책 『영성의 본질(Essential Spirituality)』에서 이 대목을 만났습니다. 그대와 함께 감동을 나누고 싶어 여기 옮깁니다. 혹시 그대에게 어두운 날의 상처가 있다면 이 이야기의 주인공처럼 그 아픈 상처에서 밝은 빛이 새어나오게 되기를 바랍니다.

지복의 순간

간혹, 한 송이 이름 모를 들꽃이나 붉게 물든 황혼의 바다 앞에서 또는 저문 하늘 날아가는 까마귀 떼를 올려다보며, 말과 생각이 말끔 비워지고 텅 빈 공간 같은 것이 아련하게 느껴지는 그런 때가 있습니다. 지복至福의 순간입니다!

그럴 때엔 하아, 감탄하는 소리 말고 다른 아무것도 필요치 않습니다.

아니, 필요치 않은 정도가 아니라, 없을수록 좋습니다.

예쁘기도 해라! 저 꽃 이름이 뭐지? 와, 까마귀다!

이렇게 뭐라고 말을 하는 순간, 지복은 기다렸다는 듯이 깨어지고 맙니다.

나 이제 내가 아무것도, 지극히 단순한 사물 하나도
이해하지 못했음을, 나뿐 아니라

어느 누구도 이해하지 못할 것임을, 겨우 알겠다.

여기, 바다가 보이는 곳에서,

감히 입을 열어 저를 노래하려 했다는 이유로

나를 갈기고, 내게 창을 던지고,

나를 조롱하는 대자연(Nature)을 나는 본다.

— 월트 휘트먼Walt Whiltman

마음에 드는 일과
안 드는 일

여러분은 마음에 드는 일과 안 드는 일 가운데 어느 쪽이 더 많습니까? 마음에 드는 일보다 안 드는 일이 더 많다면, 그만큼 힘들게 산다는 얘기가 되겠지요?

너는 어떠냐고 누가 묻는다면, 마음에 안 드는 일보다 드는 일이 더 많다고, 많아도 아주 많다고, 대답하겠습니다.

그런데 마음에 안 드는 일이 드는 일보다 더 많은 것처럼 느껴지는 것은 왜일까요?

그 이유는, 마음에 드는 것은 특별한 경우가 아니면 별로 느껴지지 않는 데 반하여 마음에 들지 않는 것은 사소한 것이라도 영락없이, 그것도 크게, 느껴지기 때문입니다. 입고 있는 속옷은 몸에 별로 느껴지지 않는

데 손가락에 가시 하나 박히면 온통 신경이 그리로 쏠리는 것과 같은 이치지요.

무엇이 마음에 드느냐 안 드느냐는 그 무엇이 있은 뒤의 일입니다. 누구의 어떤 행동이 내 마음에 들거나 안 들거나 한다면 그것은 그 사람이 어떤 행동을 이미 했다는 얘기올시다. 있지도 않은 것이 어떻게 마음에 들거나 들지 않거나 할 수 있겠어요?

그러니까 사실은 이미 내 몸(실존)에 들어와 있는 것을 두고, 마음이 그것을 받아들이겠다느니 받아들이지 않겠다느니 저 혼자서 그러고 있는 것입니다.

몸이 받아들인 것을 마음이 함께 받아들이면 아무 거리낌도 느껴질 까닭이 없고, 따라서 마음에 들었지만 들었다는 느낌조차 없는 거예요. 그런데 몸이 받아들인 것을 마음이 거절하면 몸과 마음에 차질이 생기게 마련이고 그것은 결국 몸과 마음을 불편하게 만들겠지요. 본디 서로 어울려 조화를 이루게 되어 있는 물건이 내부에 불화가 생기면 불편해지는 거야 당연한 일 아니겠어요?

어차어피 내 몸에 발생한 사태라면 그것이 무엇이든, 저 나무가 기후의 변화를 탓하지 않고 있는 그대로 받아들여 '창조적 반응'을 보이면서 안팎으로 성숙해가듯이, 저 또한 마음으로 취사선택 없이 그것을 받아들여 자기 성숙을 위한 영양소로 삼고 싶습니다.

몸에 이루어진 것을 마음으로 받아들이기! 이것이야말로 제가 남은 생애에 풀어야 할 중요한 숙제인 것 같습니다. 그렇게 연습 또 연습 하다 보면, 언제고 제 입술에서 "에이, 맘에 안 들어! 짜증 나!"라는 말이 사라져 있겠지요?

이 말은 물론 모든 일 모든 상황을 합리화하여 정당한 것으로 용납한다는 얘기가 아닙니다. 다만, 어떤 일이든지 현실로 벌어진 일을 몸은 이미 받아들였으면서 괜히 마음으로 거절하여, 그 현실에 창조적으로 대처해나갈 기회를 스스로 망실하는 어리석음에 빠지지 않겠다는 다짐을 해보는 겁니다.

누가 만일 눈앞에 어떤 상황이 벌어져도, "맘에 안 들어!"라고 말하지 않는다면, 아니 아예 그런 생각조차 일지 않는다면, 그 사람이야말로 '하늘'을 닮은 사람이라 하겠습니다.

(여기서 말하는 '창조적 반응'이란, 어떤 상황에 습관적으로 반응하지 않고 본인과 세상을 위하여 가장 선한 방법을 찾아서 그대로 반응하는 것을 뜻합니다. 예수가 자기를 죽음으로 내모는 자들을 저주하지 않고 오히려 용서해달라고 기도한 것이야말로 '창조적 반응'의 좋은 예가 되겠습니다.)

이순의 길목에서

　마음대로 하는데 법도를 어기지 않는다(從心所慾不踰矩)는 공자님 말씀이 있습니다. 당신이 고희古稀에 이르러 그 경지에 들었노라고 하셨지요.

　여태 그 말씀 자체가 괜히 어렵게만 느껴지더니, 며칠 전 길을 걷다가 문득, 자기 맘대로 하는데 법도를 어기지 않는 일이 가능하겠다는 생각이 드는 겁니다. 게다가, 저도 그럴 수 있겠다는 생각마저 드는 거예요.

　여기서 말하는 법도(矩)는 어느 나라 헌법이나 상법 정도가 아니라 하늘의 법도(天命)를 가리킨다고 봐야 하겠습니다. 하늘에는 동서고금이 없으니, 어느 나라 어느 시대에 갖다 놔도 통하는 법, 사람이라면 누구나 따라야 하는 그런 법이지요.

　그런데, 어떻게 하면 자기 맘대로 하면서 하늘 법도를 어기지 않을 수 있을까요? 방법은 간단합니다! 내가 원하는 것이 세상에 한 가지밖에 없고, 그 한 가지가 바로 하늘 법도를 지키며 살아가는 것이라면, 그러면 내 맘대로 해도, 아니, 내 맘대로 해야, 하늘 법도를 어기지 않는 삶이 되지 않겠습니까?

공자님이 오십에 하늘 법도를 아셨다니, 당신이 왜 세상에 왔으며 여기에서 무엇을 어떻게 해야 할는지 다 아셨다는 얘긴데, 지천명知天命에서 종심소욕從心所慾까지 20년이나 긴 세월이 걸린 까닭은 무엇일까요? 혹시, 맘대로 한다(從心所慾)는 한마디 말에 그 이유가 숨어 있는 건 아닐까요? 공자님이 오십에 어떻게 마음을 먹어야 하는지를 다 아셨지만, 몸이 그대로 따라서 빈틈없이 움직이는 경지에 이르기까지 스무 해를 더 공부하셨다는 그런 얘기올시다.

마음이 몸을 따르는 것은 소가 우차牛車를 따르는 것과 같아서 말이 안 되고, 몸이 마음을 따라야 하는 건데, 마음을 거스르며 살아온 세월이 하도 오래되어서 몸이 마음대로 움직여지지를 않는 겁니다. 가만 보니, 제가 지금 딱 그 지경에 처해 있군요.

마음은 이쪽인데 몸이 자꾸만 저쪽으로 가는 거예요. 사도 바울로께서도 "나는 내가 해야 하겠다고 생각하는 선은 행하지 않고 해서는 안 되겠다고 생각하는 악을 행하고 있다"(로마서, 7:19)고 고백하셨지요. 충분히 공감됩니다.

그러니 이제 어떻게 할까요? 몸이 마음을 좇아서 움직이도록, 계속 훈련하는 수밖에요.

공자님이 지천명과 종심소욕 사이에서 이순^{耳順}을 연습하신 것에 마음을 모아봅니다. 이순이라! 귀가 부드럽다? 귀가 착하다?

누가 무슨 말을 해도, 그 말 때문에 화가 나거나 이성을 잃어서, 내가 걸어야 할 길을 벗어나지 않는다면 그게 진짜 이순 아닐까, 생각해봅니다.

하지만 더는 머리를 굴리지 않겠어요. 저를 여기까지 이끌어주신 선생님이 적절한 때에 적절한 방식으로 이순의 참뜻을 일깨워주실 테니까요.

상가에 갔다가

상가喪家에 갔다가 시신 염하는 것을 가까이에서 보았습니다. 가운을 입은 두 전문가가 숙련된 정성으로 시신을 닦은 다음, 수의를 입히더군요.

사람이 세상에 와서 제 손으로 못 입는 옷이 두 벌 있는데, 하나는 태어날 때 입는 배내옷이고 다른 하나는 죽을 때 입는 수의입니다. 그러니까, 맨 처음 입는 옷과 맨 나중 입는 옷은 누군가 남이 입혀주어야 하는 거예요. 뭐 혼자 잘난 줄 알고 으스대지만, 누군가의 손길을 의지하지 않고서는 오지도 가지도 못하는, 그게 인생이지요.

그런데, 어째서 처음 배내옷을 입힐 때에는 웃고 즐거워하던 사람들이 마지막 수의를 입힐 때에는 슬픈 얼굴로 눈물을 짓는 것일까요? 뭔가 이상하다는 생각이 자꾸만 드는 겁니다. 기독교인들의 말대로, 하느님이 보내신 생명을 하느님이 도로 데려가시는 거라면, 어째서 이쪽은 좋아하고 저쪽은 싫어하느냔 말이에요.

하지만, 잠시 생각해보니 그게 그럴 수밖에 없겠더군요. 배내옷은 먼저 온 사람들이 새로 오는 후배를 환영하면서 입혀주는 옷이니 그 마음이 즐겁고 기쁘겠지만, 수의는 뒤에 갈 사람들이 먼저 가는 선배를 배웅하면서 입혀주는 옷이니 그 마음이 섭섭하고 아플 수밖에 없지 않겠어요?

저도 고인과 맺었던 인연들이 생각나서 마음이 아프고 무거웠습니다. 그래서 더욱 자세히 들여다보았지요. 그런데요, 거기 낯선 사람들 손에 온통 내어맡겨진 알몸이 제가 아는 고인이 아니라, 그가 평생 입고 있던 옷이라는 사실이 눈에 들어오는 것이었습니다. 그러니까 시방 여기에서 사람들이 하고 있는 일은 고인에게 마지막 옷을 입히는 게 아니라 고인이 마지막으로 벗어놓은 옷을 수습하는 것이었어요. 한 영혼이 평생 입은 단벌옷이니 저 정도는 예우를 해도 과례過禮가 아니겠다 싶더군요.

동시에, 비록 우리 눈에 보이지는 않지만, 저쪽 나라 영혼들이 새로 오는 영혼을 환영하며 배내옷을 입히고 있겠지 하는 생각이 들면서 이상한 안심과 평화가 느껴졌습니다. 사실은 은근한 웃음이 속에서 나오는 것을 사람들 눈치 보느라고 참았지요.

아무래도, 이 몸이 내가 아니라는 진실에 더욱 익숙해져야 하겠습니다. 아니, 이 몸이 나라는 어미 착각에서 좀더 철저히 해방되어야겠어요.

그렇게만 된다면, 나의 죽음이든 남의 죽음이든 그것으로 인하여 절망하거나 비탄에 빠지는 일은 피할 수 있을 테니까요.

꼴 보기 싫은 사람 있습니까?

생각만 해도 화가 나는 사람, 곁에 올까봐 겁나는 사람, 저런 인간은 어떻게 좀 됐으면 좋겠다 싶은, 그런 사람 혹시 있나요?

반대로, 생각만 해도 기분 좋은 사람, 그 곁에 마냥 있고 싶은 사람, 저런 사람은 죽지 않고 오래 살았으면 좋겠다 싶은, 그런 사람 있습니까?

있으면 잘 됐네요. 한번 생각해봅시다.

생각만 해도 기분 좋은 사람이 왼쪽에 있고 생각만 해도 화가 나는 사람이 오른쪽에 있고 가운데 내가 있습니다. 이 셋의 공분모가 무엇일까요?

예, '사람'입니다. 왼쪽에 있는 것도 사람이고 오른쪽에 있는 것도 사람이고 중간에 있는 것도 사람이거든요. 그러니까 같은 '사람'이 지금 세 얼굴을 하고 있는 거예요. 이건 어쩔 수 없는 진실입니다.

바다에 잔물결도 있고 거센 물결도 있지만 그게 모두 바다의 얼굴이듯이, 사람들도 저마다 다른 얼굴을 하고 있지만, 그래서 생각도 다르고 하는 짓도 다르지만, 알고 보면 같은 '사람'인 거예요.

바로 그 '사람의 아들(人子)'로 이 세상을 살아가신 분이 예수올시다. 우리가 그분의 제자로 살고자 한다면, 꼴 보기 싫은 사람이나 생각만 해도 기분 좋은 사람이나, 모두가 다른 얼굴을 하고 있는 '나'로 보일 때까지 이 걸음을 멈출 수 없는 것입니다.

티모시 프레케Timothy Freke가 쓴 『바다의 길(The Way of the Sea)』에서 두 구절을 옮겨 소개합니다. 읽어보시고 소감이 있거든 조용히 음미해 보세요.

하루는 우물에 사는 두꺼비를 바다에 사는 두꺼비가 찾아왔다. 우물 두꺼비가 바다 두꺼비에게 물었다.
"네 우물은 얼마나 크니? 내 우물만하냐?"
바다 두꺼비가 웃으면서 설명했다.
"내 우물은 하도 커서 가장자리가 없어. 물이 얼마나 많은지, 뜨거운 땡볕 아래 백만 년을 두어도 마르지 않을 거야. 게다가 그 깊이는 바닥을 알 수 없을 정도란다."
우물 개구리가 믿지 못하겠다는 투로 말했다.
"허풍이 너무 세구나? 머리가 어떻게 된 것 아니야?"
투덜거리는 그에게 바다 두꺼비가 말하기를, "나와 함께 가자. 가서 네 눈으로 보렴."

— 힌두교 설화

"나는 무엇인가? 너는 무엇인가? 우리는 모두 하나인 존재-바다의 온갖 얼굴들이다. 우리네 인생이란, 우리 자신이기도 한 '영원한 바다'의 끝없이 출렁이며 일어나고 꺼지는 파도들이다."

— 잇사 다스 Issa Das

거대한 바다는, 모든 것을 아우르는 하느님의 성품을 보여주는 항구적인 형상이다. 위대한 힌두 신비가 상카라 Sankara는, 말로 할 수 없는 하느님의 본질인 '브라흐만'을 끝없는 기쁨의 바다로 묘사했다. 힌두교 경전 『아쉬타바크라 기타 Ashtavakra Gita』는 인간의 '아트만'을, 끝없는 바다에서 일어났다가 꺼지는 파도들에 견준다.

붓다는 인간의 깨달음을, 제가 나온 바다에 떨어져서 녹아드는 물방울과 같다고 한다. 도교 창시자인 노자는 자기 자신을, 바다로 향해 흘러가는 강물처럼 만유의 근원인 도道로 돌아가는 나그네로 여긴다.

그러나 이런 형상들은 신비가들이 경험한 진실(the Truth)의 장엄한 본연本然을 충분하게 보여주지 못한다. 모든 신비가들이 할 수 있는 일은 결국, 힌두교 설화에 나오는 개구리처럼, 우리 스스로 하느님의 바다를 경험해보라고 격려하며 용기를 심어주는 것이 전부다.

오늘 하루

세 남자가 이야기를 나누고 있습니다.

화제는 얼마나 자주 아내와 잠자리를 함께하는가에 대해섭니다.

갑이 은근히 뽐내는 투로 말합니다. "난 사흘에 한 번은 꼭일세."

을이 부러운 눈치를 보이며 말합니다. "난 보름에 한 번쯤 될까 말까."

병이 싱글벙글 웃으며 말합니다. "난 석 달에 한 번이라네."

갑과 을이 모르겠다는 표정으로 묻습니다. "그런데, 뭐가 그리 좋은가?"

병이 대답하기를, "오늘이 바로 그날이거든!"

그날이 당신에게 무슨 날이든, 어떤 대단한 일이 일어나는 날이든, 아무 일도 일어나지 않는 날이든, 그날은 바로 오늘입니다. 다른 날이 아니에요. 왜냐하면, 당신에게 주어진 날은 언제 어디서나 '오늘' 하루뿐이니까요.

인생이란 숨 한 번 들이쉬고 내쉬는 사이에 있는 것이라고, 그렇게 말씀하신 분이 붓다였던가요? 예수도 "내일 일을 걱정하지 마라. 내일 일은 내일에 맡겨라. 오늘 하루 수고한 것으로 족하다"고 하셨지요.

그래요. 어차피 살 수 있는 날이 오늘 하루뿐이라면, 우리 오늘 하루만 살아봅시다.

오늘이 바로 그날입니다!

용서의 도

항적航跡은 배를 밀지도 당기지도 않는다는 말이 있습니다. 그렇지요, 우리가 걸으면서 남기는 발자국은 우리를 앞으로 밀거나 뒤로 당길 수 없습니다. 그런데도 얼마나 자주 우리는 이미 지나간 일로 갈팡질팡하며 과거의 상처를 부둥켜안고서 아파하고 있습니까? 길 가는 사람이 자기 발자국에 붙잡혀서 오도 가도 못하는 형국이지요. 어리석음도 그런 어리석음이 없습니다. 하지만 그러지 않는 사람을 보기가 오히려 어려운 세상이니 과연 인간을 만물의 우두머리라 할 수 있는 건지 모르겠습니다.

사실 과거는 어디에도 없는 겁니다. 다만 과거에 대한 '기억'이 남아 있을 뿐이지요. 머리를 크게 다쳐서 기억을 잃은 사람에게는 그 마음에 과거의 상처도 없고 아픔도 없을 겁니다. 그렇다고 해서 스스로 기억상실증에 걸릴 수도 없는 일이고, 사람이 살아가려면 앞날을 예견하고 과거를 기억할 필요도 있으니, 기억 자체를 없애는 것은 해결책이 아니지요.

여기서 저는 '용서'를 생각하게 됩니다. 누가 저에게 용서를 다른 말로 풀어보라고 하면 '놓아버림'이라고 하겠어요. 붙잡지 않고 놓아버리는 겁니다. 과거를 기억은 하되 그 기억에 사로잡혀 있지 않는 거예요. 좋은 일이든 나쁜 일이든, 이왕에 지나간 일이니 있는 그대로 바라보되(뱃고물에서 항적을 내려다보듯이) 바라보면서 동시에 놓아버리는, 그게 바로 용서입니다.

붙잡으면 붙잡히고 놓으면 놓여납니다. 이는 아무도 어길 수 없는 하늘의 도리(天道)올시다. 바로 여기에 용서의 도道가 있지요. 그러기에, 용서는 용서받는 쪽에도 자유를 주지만 그보다 먼저 용서하는 쪽에 자유를 안겨주는 것입니다.

혹시 누구에게 용서받을 일이 있나요? 망설이지 말고 지금 곧 용서를 구하십시오. 단, 상대가 용서를 해주면 더 고마울 데가 없겠지만 용서를 해주지 않아도 괜찮다는 각오가 분명해야 합니다. 그게 진짜로 용서를 비는 거예요. 용서해달라면서 상대가 어떻게 나오느냐에 따라 마음이 이랬다저랬다 한다면 그건 진정으로 용서를 비는 게 아닙니다.

반대로, 혹시 누구를 용서해줄 일이 있습니까? 역시 망설일 것 없어요. 지금 곧 그를 용서하십시오. 단, 여기에도 조건이 있습니다. 상대가 용서를 구하면 아무 문제될 것 없지만, 용서를 구하지 않는다면(본인이 잘못했다고 생각조차 하지 않는다면) 그래도 용서할 것인지를 당신이 결정해야 합니다. 상대가 용서를 빌지 않아도 자신을 자유롭게 해주기 위하여 용서하기로 마음을 먹는다면, 용서는 하되 상대에게 "내가 너를 용서한다"는 말을 할 필요도 없고 해서도 안 됩니다. 상대가 어떻게 나오든 상관없이 용서할 마음의 준비가 되어 있지 않으면 아직 용서할 때가 되지 않은 거예요. 상대가 용서를 구하든 말든, 심지어 영화 〈밀양〉의 유괴범처럼 "하나님이 나를 용서하셨으니 당신의 용서는 필요 없다"고 뻔뻔스럽게 말하더라도 그 말에 흔들리지 않고 상대와 얽힌 모든 과거사를 털어 버릴 수 있어야 비로소 용서할 자격을 갖춘 것입니다. 용서를 구하든지 용서를 해주든지, 상대의 반응 따위에 흔들림이 없어야 그게 참된 용서라는 말씀입니다. 그러니 아무나 쉽게 입에 담을 수 없는 말이 '용서'라는 말이지요.

그래도, 놓아버리는 일 말고는 우리의 지난날 자취에서 자유로울 다른 길이 없으니 어렵더라도 용서하고 용서받는 길을 걸어야 할 것입니다.

'용서'라고 하면 일단 '과거'를 용서하는 것으로 생각되기 쉽고, 사실 그렇기도 합니다만, 그것은 지난날의 '현재'를 용서하지 않았기에 생기는 일입니다. 날마다 해지기 전에 그날 일을 용서한다면 나중에 따로 용서할 일이 없지 않겠어요? 훗날 무겁게 용서받거나 용서할 일이 없도록 하기 위해서라도 날마다 그날 하루의 허물을 가볍게 용서하고 용서받으며 살았으면 합니다.

가능성의 존재

나무를 수천 조각으로 잘게 쪼개어도 그 속에서 새 열매를 찾아내지는 못하겠지만, 성장의 조건(따스한 햇살, 비, 흙의 자양분 등)이 제대로 갖추어지면 나무는 마침내 아름다운 열매를 맺는다.

사람들은 가능성을 실현하는 데 필요한 여러 조건들을 스스로 만들어낼 수 있다. 자기 의지를 실천함으로써 그렇게 할 수 있다.

이렇게 자기 안에 감추어져 있는 품성들(용기, 의지력, 아름다움을 알아보는 눈, 명료한 사고 등)을 계발하는 데 필요한 조건들을 만들기로 결심하고 실천하지 않는 한, 그것들은 나무 안에 감추어져 있는 열매처럼 그렇게 남아 있을 것이다.

아직 나무에 달리지 않은 열매를 열매라고 말할 수도 없지만, 그렇다고 해서 열매가 아니라고 할 수도 없는 일이다. 왜냐하면 가능성으로 분명히 거기에 있기 때문이다. 가능성을 다른 형태의 실재實在로 보아 그것을 이루기로 결심하고 그대로 행동할 수 있음은 조물주가 인간에게 준 놀라운 능력이다.

위의 글은 제가 번역한 필 레인 주니어^{Phil Lane Jr.}의 『신성한 나무(The Sacred Tree)』에서 옮긴 것입니다.

모든 존재가 바뀌고 있습니다. 한순간도 바뀌지 않는 물건이란 없으니까요. 따라서 무엇이 바뀌느냐 안 바뀌느냐가 아니라 어떻게 바뀌느냐, 그것이 문제입니다. 우리 인생이 열매를 맺느냐 아니 맺느냐가 아니라, 어떤 열매를 맺느냐가 문제란 말씀이에요.

히틀러도 후세인도 간디도 이명박도 결국은 자기 안에 있는 무수한 가능성들 가운데 스스로 선택한 가능성을 실현한 것입니다.

이 글을 읽고 있는 당신의 인생도 결국 당신이 선택한 인생을 열매로 맺겠지요. 미안하지만 여기에는 다른 무슨 핑계거리가 있을 수 없습니다.

사람이 상황을 선택할 수는 없지만 주어진 상황에 어떻게 대처할 것인가, 그 방법을 찾아서 그대로 하느냐 마느냐는 본인 말고 아무도 대신할 수 없기 때문입니다.

당신에게도 무수한 가능성이 잠재되어 있습니다. 그 가능성의 폭이 하도 커서 당신은 짐승이 될 수도 있고 천사가 될 수도 있어요. 자, 어떻게 하시겠습니까? 무엇으로 될 것인가는 오로지 당신의 선택에 달려 있습니다.

눈이 아니라
배로 살기

한밤중, 잠에서 깨어나 당신에게 이 편지를 씁니다.

노자 『도덕경道德經』에, "성인은 배를 위하고 눈을 위하지 않는다(聖人爲腹不爲目)"는 말씀이 있습니다. 성인은 자기 눈을 위해 살지 않고 배를 위해 산다는 뜻이지요.

아직 당신을 성인이라고 부를 수는 없겠지만 지금 여기에서 당신이 "배를 위하고 눈을 위하지 않는" 삶을 수련하지 않는다면, 천 년을 산다 해도 삶의 질곡에서 해방된 성인의 경지에는 단 한 발짝 가까이 갈 수 없을 것입니다. 그렇다면, 당신의 오늘이 옹근 자유의 실현을 향하여 나아가는 발걸음이 아니라면, 도대체 무엇 하러 이 세상에 태어났단 말입니까?

눈을 위하지 않고 배를 위한다? 무슨 말인가? 어렵게 궁리할 것 없습니다.

'눈'은 나와 바깥세상을 이어주는 감각(feeling)의 대명사입니다. 눈이 있어서 바깥세상과 나 사이에 관계가 맺어지는 거예요. '배'는 내 안에 있으면서 나를 있게 하는 나의 중심(heart)을 가리킵니다. 그러니까 "눈을 위하지 않고 배를 위한다"는 말은 "감각에 따라서 살지 않고 중심이 이끄는 대로 살아간다"는 뜻이 됩니다.

노자의 이 말을 기독교식으로 바꾸면 "내 뜻대로 살지 않고 하느님 뜻대로 산다"가 되겠지요. '하느님'이란 단어가 나오면 얘기가 가물가물해지기 쉬우니, 노자의 언어로 돌아갑시다.

어디에서 어떤 경우를 당하든지, 당신 눈이 하는 말을 듣지 말고 당신 중심이 뭐라고 말하는지 잘 들어서 그대로 하기를 힘껏! 연습하십시오. 이것이 바로 당신의 유일하게 보람된 삶의 내용인 것입니다.

무엇을 보든지, 무슨 말을 듣든지, 지금 그것을 보고 듣는 당신의 중심을 느껴보십시오. (중심의 말은 '귀'가 아니라 '느낌'으로 들을 수 있는 거예요.)

어렵지 않습니다. 예를 들어, 누가 당신에게 예쁜 포장지로 장식한 소포를 보냈습니다. 그 자리에서 곧장 포장지를 뜯지 말고 잠깐 호흡을 멈추어 당신 중심을 느껴보세요. 왜 그런지 이유는 알 수 없지만 당신 중심이 그것을 거부할 때가 있을 겁니다. 그럴 경우에는 소포를 열지 말고 그냥 버리십시오! 그것이 수련修練입니다.

누가 당신에게 편지를 보냈어요. 봉투가 두툼한 걸 보니 장문의 편지입니다. 그런데 봉투를 손에 드는 순간 당신 중심이 "읽기 싫다!"고 말합니다. 봉투를 뜯어볼 것도 없이 쓰레기통에 던져버리는 거예요! 상한 음식을 굳이 먹어보고 나서 버릴 까닭이 무엇입니까? 혹시 의심스러워서 먹어보더라도 한 숟갈 맛보면 그만이지 그걸 죄다 먹어볼 건 없잖아요?

자주 해보지 않은 일이라 쉽지는 않겠지만, 당신 중심을 느낌으로 들여다보는 이 연습만큼은 반드시, 억지로라도, 하셨으면 합니다. 자꾸 하다보면 의외로 쉬워지는 것이 바로 이 연습이에요.

당신 눈이 하는 말만 들으면 유혹자의 꾐에 넘어가는 것이 백발백중입니다. 아담이 눈으로 선악과를 보니 그게 그렇게 먹음직했다지 않습니까? 그때 만일 그가 자기 '눈'을 통해서 들려오는 바깥 사물(선악과)의 말을 듣지 않고, '배'에서 들려오는 하느님 말씀을 듣고 그대로 했더라면 얘기가 달라졌을 겁니다.

어떤 것은 보기에 달콤하고 아름답지만 그것을 보는 순간 어쩐지 당신 중심이 불안할 때가 있습니다. 반대로, 어떤 일이나 사람이 당신을 아프게 하고 슬프게 하는데 어쩐지 중심은 평안할 때가 있을 거예요. 그럴 경우, 달콤하고 아름다운 것을 버리고 당신을 아프게 하고 슬프게 하는 것을 잡는 겁니다.

중심을 잘 들여다보지 않으면, 온갖 합리적이고 아름답기까지 한 언어들로 포장된 유혹에 넘어가기 쉽습니다. 반대로, 언제 어디서나 눈에 속지 않고 중심을 잘 살피면 사망의 음침한 골짜기라도 거침없이 지나게 될 것입니다. 명심하십시오. 막대기와 지팡이를 든 당신의 선한 목자는 저기 어디가 아니라 당신 가슴 가장 깊은 그 자리에 있습니다.

어떻게 하면 중심을 잘 들여다볼 수 있느냐고 묻지 마세요. 자신의 깊은 속 느낌을 몸으로 느껴보는 겁니다. 어려울 게 뭡니까? 방법은 스스로 찾아서 개발하십시오.

그러지 않기를 바랍니다만, 혹시 나의 이 편지가 당신 중심(변덕스런 '감정' 말고! 감정을 느끼는 것과 중심을 느끼는 것은 전혀 다릅니다)을 어지럽게 하거나 불안하게 합니까? 지금 곧 살펴보십시오. 정말 그렇거든 더 이상 뒷글을 읽지 말고 덮어버리세요. 그리고 자리에서 일어나 이 편지와 함께 나를 등지십시오. 나중에 내가 또 무슨 편지를 보내더라도 먼저 당신 중심을 살핀 다음, "아니다!" 하거든 봉투째 바로 쓰레기통에 던져버리는 겁니다. 괜찮아요. 미안할 것도 없고 찝찝할 것도 없습니다.

사람이 살면서 자신이 만든 어두운 그림자를 떨쳐버릴 순 없지만 그것들로 하여 괜한 아픔을 겪거나 갈팡질팡할 이유는 조금도 없는 것입니다. 빛을 향하여, 빛과 함께 걸어가는 사람 앞길을 어두운 그림자가 바늘 끝만큼인들 어지럽힐 수 있겠습니까?

모든 것이 그 완성의
꼭짓점에 있다

　미국 LA에 사는 옛 친구가 저를 위해 책을 몇 권 샀다면서 보내주었는데요. 그 가운데 『세속 지혜의 기술(The Art of Worldly Wisdom)』이라는 포켓판이 눈에 띄는군요. 17세기 스페인 예수회 수도자 발타사르 그라시안Baltasar Gracián이 처세에 연관된 격언 300개를 모으고 그것들에 짤막한 해설을 붙여 만든 책자입니다.
　당연히(?) 맨 첫 구절을 읽어보았지요. 신통하게도 요즘 제가 자주 생각하고 있는 내용이 그대로 담겨 있네요. 옮겨보겠습니다.

　모든 것이 그 완성의 꼭짓점에 있다(Everything is at its peak of perfection). 이는 사람이 자기 나름으로 세상을 살아가는 기술에 있어서 특별히 그러하다. 지난날 고대 그리스의 일곱 현인들을 만나는 것보다 오늘 현인 하나를 만나는 것이 훨씬 더 값진 일이다. 장차 모든 사람을 얻는 것보다 오늘 한 사람을 얻는 것이 훨씬 더 긴요한 일이다.

존재하는 모든 사물이 그 완성의 꼭짓점에 있다? 놀랍고 신나는 통찰이네요! 그러니까 사람인 나는 지금 완전한 사람(perfect man)의 꼭짓점에 있는 겁니다! 꼭짓점(頂点)이 뭡니까? 중심에서 보면 맨 꼭대기면서 가장 거리가 먼 끝자리지요.

그런데, 내가 완벽한 사람, 흠 없이 온전한 사람의 꼭짓점에 있는 까닭은 내가 지금 여기에 있기 때문입니다. 지금 그리고 여기! 어제도 내일도 거기도 저기도 완성의 꼭짓점이 아닙니다. 왜냐하면 그것들은 이름만 있지 실제로는 없는 물건이거든요. 있지도 않은 것이 어떻게 무엇의 꼭짓점일 수 있겠어요?

누가 뭐라 해도 나는 지금 여기에 있습니다. 어제 거기 또는 내일 저기에 있는 무엇이 아니에요. 그래서 이렇게 완성된 사람의 꼭짓점에 있는 겁니다.

그게 어디 저만 그렇겠습니까? 이 글을 읽는 당신도 완전한 사람의 꼭짓점입니다!

하지만 알아두십시오. 맨 꼭대기라고 해서 으스댈 것 하나 없어요. 중심에서 가장 먼 거리에 당신이 있는 거니까요. 그러나 중심에서 가장 멀리 있다 하여 주눅들 것도 없습니다. 안으로 끝까지 들어가 보면 당신이 바로 중심이거든요.

아아, 이 비밀을 몸으로 알고, 그 앎에 뿌리내려 한 세상 살아가는 데 처세의 처음과 나중이 있다는 그런 얘기올시다!

목구멍에 가시

    나는 목구멍에 가시가 잘 걸리는 사람인가봅니다. 아내와 연애할 때 장모님 되실 분이 차려준 음식을 먹다가 고등어 뼈가 목구멍에 걸린 적이 있습니다. 걸린 가시를 넘긴답시고 밥도 삼키고 김치도 삼키고 하다보니 가시는 점점 더 깊게 박혔고 결국 목구멍이 부어올라 병원을 찾았지요. 서울 문화촌에 살 때였어요. 급해서 마을 산부인과에 들어갔더니 의사인지 간호사인지 핀셋으로 가시를 뽑아보려고 했지만 잘 되지 않는 거예요. 결국, 안 되겠다고, 이비인후과로 가라고, 그러더군요. 병원을 나오면서 농담이랍시고, 뱃속 아기는 꺼내면서 목구멍 가시는 뽑지 못하느냐고 했더니 그게 어디 그거냐고…….
    아내와 함께 버스를 타고 서대문을 지나 종로 5가쯤에서 겨우 이비인후과 간판을 발견했지요. 역시 전문가는 다르더군요. 그렇게 아프고 성가시던 가시를 아주 간단히 뽑아내는 겁니다.

또 한번은 가족과 함께 태백으로 가던 길에 영월을 막 지나 어느 장어탕 집에서 점심을 먹는데, 마지막 남은 국물을 마시다가 그만 가시가 목구멍에 걸렸어요. 있는 힘을 다해 토해보려고 했지만, 가시는 나오지도 않고 들어가지도 않고 역시 목구멍 전체가 붓기 시작하는 거예요. 거기는 마을에서 동떨어진 음식점인지라, 급히 차를 몰아 상동으로 달렸지요. 마침 고맙게도 상동엔 보건소가 있었고 의사와 간호사도 있었어요. 젊은 의사가 수술 장갑을 끼고 손전등으로 목구멍을 비추면서 애를 썼지만, "뼈가 보인다, 보인다!" 하면서도 좀처럼 뽑아내지를 못하는 겁니다.

그렇게 한참 애를 쓰던 중에 따끔거리던 통증이 갑자기 사라지는 거예요. 의사가 핀셋으로 뼈를 건드려 그놈이 목구멍 아래로 내려간 모양입니다. 어쨌든, 몇 번 침을 삼켜도 아프지 않기에 고맙다고, 수고하셨다고, 인사를 하고 나왔지요.

그런데 어제 저녁 메기매운탕을 먹다가 또 목구멍에 뼈가 걸린 겁니다. 역시 마지막 남은 국물을 버릇대로 후루룩 하고 마신 게 탈이었어요. 그놈의 버릇이 사람 잡는 걸 깜빡했던 거예요.

아차! 했을 땐 이미 늦었지요. 이번엔 핀셋으로 꺼낼 수도 없을 만큼 아주 깊숙한 부위에서 신호가 왔습니다. 순간, 큰일 났구나 싶었어요. 여기는 경기도 여주군에서도 오지로 알려진 산골 마을이라 병원은 물론 보건소도 없는데, 저녁 먹고 나면 곧 집회가 있고 설교를 해야 하는데, 이 목구멍 가시를 어쩐다? 물을 삼켜보니 따끔거리는 신호를 오달지게 보내는 것이 이건 보통내기가 아니다 생각되면서 참 난감해지더군요.

그래서 할 수 없이(?) 우선 목구멍에 걸린 뼈에게 하소연을 했지요. "미안하다. 생각 없이 너를 삼켰는데 어쩌겠니? 그냥 곱게 넘어가다오." 다음엔 목구멍에게 말했습니다. "미안하다. 내가 또 덤벙거리며 생선 가시를 삼켰구나. 잘못했다. 제발 더 이상 말썽을 일으키지 말고 가시를 넘겨다오. 여긴 병원도 없지만 무엇보다도 시간이 없다. 목사가 목구멍에 가시가 걸려 설교를 못하게 됐다면, 뭐 그럴 수 있는 일이긴 하지만, 그게 무슨 망신이냐! 잘못은 내가 했다만 수습은 아무래도 네가 해줘야겠다. 부탁한다." 이렇게 말하는데 절로 "부탁합니다"로 말투가 바뀌는 거예요. "목구멍님, 제발 한 번만 봐주십시오. 다음부터는 각별히 조심하겠습니다. 지금은 제 사정이 딱하게 됐으니 그냥 어떻게 좀 넘겨주십시오."

그러는데 어쩐지 목구멍과 생선 가시가 저의 호소를 들어줄 것 같은 예감이 들면서 마음이 크게 소란스럽지는 않았어요. 계속 목구멍은 따끔거렸지만 가시가 아래로 더 아래로 내려가는 느낌이었습니다.

그렇게 해서, 저녁 식사를 마치고 무사히 설교까지 마쳤지요. 아직 통증은 남아 있지만 가시가 살에 박혀 있어서 생기는 통증이 아닌 것만은 분명합니다. 아마도 가시가 아래로 내려가는 동안 식도에 상처를 좀 내지 않았나 싶군요.

아무튼 이번에는 병원에도 보건소에도 가지 않고 목구멍 가시가 수습되었어요. 제 목구멍과 모양도 알 수 없는 생선 가시가 이렇게 고마울 수 없습니다. 저는 참 여러 가지로 빚을 많이 진 인간입니다. 더구나 이 빚은 갚지 않아도 되는 빚이니 얼마나 고맙고 갸륵한 사연입니까?

그런데, 왜 이 얘길 하느냐고요? 글쎄올시다! 그건 나도 모르겠네요.

우기청호

소풍을 가기로 한 날인데 일어나보니 비가 내리고 바람이 사납습니다. 자, 이럴 경우 당신은 어떻게 하지요? 여기서 제가 묻는 것은, 소풍가기로 했는데 비가 오네? 이럴 경우 내가 어떻게 반응하면 나에게나 남에게나 좋을까? 하고 곰곰 생각해본 다음에 나오는 행동 말고요, 그냥 창문 밖으로 내리는 비를 보는 순간 아무 생각 없이 속에서 불쑥 나오는 말이나 행동을 묻는 겁니다.

사람은 누구나 무엇을 할 때마다, 뭐가 어떻게 되기를 바라거나 기대하면서 일하게 마련이지요. 글쎄올시다, 완전 해탈하여 시공간의 경계를 훌쩍 넘어선 사람이라면 모르겠습니다만, 저 같은 보통사람은 아무 기대나 희망 없이 무슨 생각을 하거나 행동을 한다는 게 거의 불가능 아닐까요?

예를 들면, 하루 날 잡아 소풍가기로 의논하면서 그날 일기가 맑기를 바라는 거예요. 토요일에 소풍을 가자고? 좋아, 그러자. 그런데 이왕이면 그날 바람도 좀 불고 비도 구질구질 내리고 그랬으면 참 좋겠다! 이렇게 말하는 사람 있을까요?

그렇게, 기대하고 희망했던 대로 날씨가 쾌청하면 신나는 거지요, 뭐. 괜히 고마운 마음도 저절로 막 우러나고. 그런데요, 기대하고 바랐던 것과 정반대로 비도 내리고 바람도 사납습니다. 그래도 당신은 신이 나고 고마운 마음이 막 우러나나요?

이렇게 우리는 우리에게 일어나는 일로 말미암아 웃기도 하고 울기도 하고 신이 나기도 하고 풀이 죽기도 하고 그러면서 살아갑니다. 그런데 한번 생각해봅시다. 인생이 원래 그런 거지, 그렇게 형편 따라 울기도 하고 웃기도 하면서 살아가는 게 사람이지, 하면서 자기에게 주어지는 상황이나 환경이나 사건이나 사람이나 그런 것들에 의하여 갈팡질팡 오르락내리락 그러면서 사는 게, 그게 정말 사람으로 사는 걸까요?

같은 바람이 같은 방향에서 불어옵니다. 창공의 송골매는 같은 바람을 타고(乘)서 제가 가고자 하는 쪽으로 날아가는데, 길거리 낙엽은 같은 바람에 실려 바람이 부는 대로 쓸려갑니다. 우리의 기대나 희망 따위는 아랑곳없다는 듯, 제 맘대로(?) 일어나는 뜻밖의 사건, 돌발사고, 엉뚱한 사람의 어처구니없는 행동들에 휘둘려 울고 웃고 기뻐하고 슬퍼하고 불안하고 평안하고 오르락내리락, 말 그대로 그것들에 놀아난다면 바람에 실려 쓸려가는 낙엽과 무엇이 다르겠습니까?

우기청호雨奇晴好란 말 아시지요? 비 오는 날은 비가 와서 별맛이고 맑은 날은 맑아서 좋다는 뜻입니다. 우리가 어떻게 하면, 이 말이 우리에게 허공을 울리는 헛소리가 아니라 심장을 뛰게 하는 참말이 될까요?

오늘도 당신은 뜻밖의 일, 예상치 못했던 상황, 기대하지 않았던 사건들과 분명히 맞닥뜨릴 것입니다. 연락도 없이 누가 불쑥 찾아오거나, 찌개가 너무 짜게 되었거나, 음식점에서 어떤 덜렁이가 내 신을 신고 가버렸거나…….

그럴 때 당신은 낙엽이 되시겠습니까? 아니면 송골매가 되시겠습니까? 그거야 당신 마음이지요. 아무도 당신을 낙엽처럼 굴러가도록 강제할 수 없지만 억지로 송골매처럼 날아가게 할 수도 없으니까요.

오늘도 창공의 송골매처럼 당신이 원하는 방향으로 거침없이 날아오르시기를!

가르치려고 하지 마!

"가르치려고 하지 마!"

권정생 선생이 저에게 이승에서 마지막으로 해준 말입니다. 선생이 타계하기 한 달쯤 전이었어요. 앞에 무슨 말을 하고 나서 결론으로 한 말도 아니고 뒤에 다른 말을 하기 위한 서론으로 한 말도 아닙니다. 당신 좁은 방에 옆구리를 마주대고 멍하니 앉아 있는데, 말 그대로 뜬금없이, 불쑥, 내뱉듯이, 한마디 하는 거예요.

"가르치려고 하지 마!"

그런데 그 말이 제 가슴을 예리한 비수처럼 찌르며 들어오더니 그대로 박혀버렸지요. 사실 그 말 한마디 때문에, 앞에 한 말도 잊어먹고 뒤에 한 말도 잊어먹은 것인지 모르겠습니다.

무위당 선생이 어느 날, 노자 이야기를 하시다가 저에게 말씀하셨어요.

"노자의 스승은 자연이었네. 예수님도 자연한테서 배우셨고. 사람에게 자연보다 높은 스승이 없지. 왜 그런 줄 아나? 자연은 말씀이야, 자연은 누구를 가르치려고 하지 않으시거든. 도무지 가르치는 바가 없으신 거라. 그러니 최고 스승이시지."

"이 같잖은 놈아, 네가 감히 누구를 가르치려 한단 말이냐? 네가 할 일은 오늘도 내일도 그 다음날도 죽어라 하고 배우는 것, 그저 뭐든지 배우려고 애쓰는 그것뿐이다. 명심하고 또 명심하여라."
　요즘 제가 가슴에 안고 살아가는 경고성 화두입니다. "가르치려고 하지 마!"

　다행입니다. 권정생 선생이 저에게 "가르치지 마!"라고 하지 않고 "가르치려고 하지 마!"라고 했으니, 정말 다행이에요. 그분이 저에게 가르치지 말라고 했다면, 형이 아우에게 남긴 유언을 들어주지 못했을 뻔했으니까요.
　누구에게 뭐를 하지 말라고 말하려면 그 '누구'가 그것을 할 수 있는 사람이어야 합니다. 할 수 없는 사람한테 하지 말라고 하는 건 말이 안 되지요. 저에게 어디 가서 러시아 말을 하지 말라고 하는 것과 다를 게 없습니다. 한마디도 할 줄 모르는 러시아 말을 제가 무슨 재주로 "하지 않을" 수 있겠습니까?
　권정생 선생이 저에게 "가르치지 마!"라고 했다면 그건 제가 누구를 가르칠 수 있는 사람이라는 말인데, 아니지요! 그건 아닙니다. 뭘 가르치려면 가르치기 전에 알아야 하지 않습니까? 아무것도 아는 게 없는 놈이 무슨 수로 누구에게 무엇을 가르친단 말입니까?

그런데 다행하게도 그분은 저에게 "가르치려고 하지 마!"라고 하셨거든요. 그건 저에게 말이 될 뿐 아니라 꼭 필요한 말입니다. 제가 얼마든지 누구를 가르치려고 할 수 있는 놈이고, 사실 지금까지 의식으로든 무의식으로든 그래 왔으니까요. 그걸 권정생 선생이 보셨고, 그래서 반평생 저에게 베풀어준 형으로서의 우정에 담아 이승을 떠나기 전 한마디 하신 거지요. "가르치려고 하지 마!"

가르치려고 하지 말라는 말은, 아예 처음부터 되지도 않을 일을 시도했다가 낭패 보지 말라는 말이기도 합니다. 아무리 정성껏 가르치려고 해도 상대방이 그것을 듣고 배우려 하지 않으면 어쩔 도리가 없는 거예요. 가르침도 배움도 스승에게 있는 것이 아니라 제자에게 있는 것입니다.

그래서요, 저는 가르칠 마음이 전혀 없었는데 누가 저한테서 무엇을 배웠다면 그 사람에게는 제가 가르친 사람이 되는 겁니다. 저는 가르치지 않았지만 그는 저한테서 배운 거예요. 그럴 수 있잖아요? 그래서 몇 사람이 저를 '선생'이라는 호칭으로 부르기 시작했을 때 처음에는 말리기도 하고 피하기도 했지만, 그들에게 그러지 말라고 하는 것 자체가 '선생 짓' 아니냐는 반성과 함께, 누가 나에게 무슨 호칭을 쓰든 그건 그들의 몫이요 자유니 내가 간섭하거나 금할 게 못된다는 생각에, 지금은 그냥 못들은 척 지내고 있습니다.

마찬가지 이유로, 누가 저를 '얼치기 도사'라고 부른다면 그에게는 제가 틀림없는 얼치기 도사겠지만 저는 그에게 얼치기 도사가 아닌 겁니다. 아무러면 제가 세상에 태어나, 저를 기르느라고 우리 어머니가 얼마나 고생이 많으셨는데, 무슨 할 짓이 그렇게도 없어서 '얼치기 도사'가 되어 자신과 남을 속이며 살겠습니까? 저뿐 아니라 누구라도 그럴 거예요. 그러므로 세상에 '나쁜 놈'으로 불리는 사람은 있어도 나쁜 놈은 없다는 게 저의 생각입니다. 그래요, 세상에 누구를 '나쁜 놈'이라고 말하는 사람들은 많이 있지만, 나쁜 놈은 단 한 사람도 없습니다! 누구를 '나쁜 놈'이라고 부르는 그 사람들도 나쁜 놈이 아니에요. 제 눈에는 모두가 하느님의 소중한 자식들입니다. 물론 세상에는 나쁜 짓을 하는 자식들도 있고 병든 자식들도 있지만, 그들 가운데 누구도 나쁜 놈은 아닌 거예요.

사람들이 제 말을 듣고 거절하거나 비웃거나 무시하는 기색이 보일 때 화가 나고 속이 상한다면, 사람들이 저한테 동의해주기를 바라는 마음이 속에 숨어 있다는 증거입니다. 그들의 반응이 저를 불편하게 만든 것이 아니라, 제 혼자서 제 맘대로 설정해놓은 기대나 욕구가 충족되지 않아서 화도 나고 속도 상하고 그러는 것이지요. 세상에 모든 사람이 자기한테 동의해주기를 바라거나 기대하는 것만큼 터무니없고 어리석은 짓이 어디 있겠습니까? 제가 그동안 무슨 일로 불편했다면, 그 원인은 오로지 저한테 있었던 거예요. 아, 이제야 그것을 조금 알겠습니다!

누구를 가르치겠다는 마음, 무엇을 이루겠다는 마음, 칭찬받는 사람 되겠다는 마음을 놓아버리니 이렇게 가뜬하고 마음 편할 수가 없네요. 어느 제자가 스승에게 "어떻게 하면 그물에 걸리지 않는 바람처럼 살 수 있습니까?"라고 여쭙자, 이렇게 대답하셨다지요? "사람들이 너에게 호응해 주기를 바라지 마라."

왜 여태까지 스스로 뭘 안다는 착각에 속아 누구를 가르치겠다는 터무니없는 망상 속에서 누가 내 말에 동의하면 좋아하고 반대하거나 비난하면 속상해 하는 어리석음에 빠져 있었는지, 우습기도 하고 딱하기도 합니다만, 그것도 모두 지나간 일이올시다.

제가 가장 좋아하는 예수님 말씀이 이것입니다.

"오늘도 내일도 그 다음날에도 나는 내 길을 간다."

어쩌겠어요? 그뿐이지요. 그밖에, 제가 세상에 대하여 다른 무엇을 할 수 있겠습니까? 아직 갈 길이 멀다는 느낌을 떨쳐버릴 수 없지만, 그러나 조급하지 않게, 천천히, 쉬엄쉬엄, 계속 걸어봐야겠습니다.

혹시, 이 글을 여기까지 읽으신 당신, 당신도 그렇지 않을까요?

미운 놈
처치하는 법?

　미운 놈 처치하는 방법을 쉽고 단순한 말로 설명해 달라는 편집실의 청탁을 받았습니다. 그런데, 아무리 생각해도 그 방법이 떠오르지를 않네요. 딱한 일이지요. 이제라도 못쓰겠다고 할까? 하지만, 나도 잡지를 만들어봤기에 원고 하나가 예고 없이 빠지면 얼마나 황당할지 조금은 압니다. 그러니, 미운 놈 처치하는 방법을 찾아봤지만 찾지 못했다는 말이라도 하는 것이 덜 미안한 일이겠습니다.

　우선, 미운 놈을 처치해야겠다는 발상부터가 문제입니다. 그런 발상으로는, 어떤 방법을 찾아내어도 소용없을 것이에요. 왜냐하면 그렇게 해서 '미운 놈 X'를 처치하고 나면 바로 그 순간, '미운 놈 Y'가 기다렸다는 듯이 얼굴을 내밀고 "나도 처치해보렴" 할 테니까요.
　미운 놈이 있어서 그것을 처치하겠다는 마음으로 산다면 죽을 때까지 미운 놈한테서 벗어나지 못할 거예요.

불교 집안에 이런 말이 있습니다. "세상을 양탄자로 덮어서 네 발을 편안하게 할 수 있겠느냐? 그러지 말고 네 발을 양탄자로 감싸라."

미운 놈 처치하는 방법은 없습니다! 그보다는, 미운 놈과 함께 사는 방법을 찾는 게 훨씬 현실적이고 효과도 있을 거예요.

『밀라레파의 일만 송頌』으로 알려진 티베트 승려 밀라레파의 일화들 가운데 이런 것이 있습니다. 쵸걈 트룽파가 『영적 유물론』에서 소개한 대로 옮깁니다.

밀라레파는 붉은 바위 계곡에서 엄격한 수련을 쌓을 때, 명상 중에 구루 마르파의 생생한 모습을 환상으로 보았습니다. 오랜 굶주림으로 기진맥진한 그는 동굴 밖에 나가 땔감을 줍다가 결국 기절하고 맙니다. 다시 정신을 차렸을 때, 마르파가 살고 있는 동쪽 하늘에 흰 구름이 떠 있는 것을 보게 되지요. 사무치는 그리움으로 스승 마르파에게 자기가 얼마나 스승 곁에 있고 싶어하는지를 말하면서 탄원의 노래를 부릅니다. 그러자 마르파가 사자 모양의 흰 구름 위에 나타나 이렇게 말하는 것이었어요. "무슨 일인가? 정신질환이라도 생긴 건가? 자네는 다르마를 알고 있지. 그러니 명상을 계속하시게." 밀라레파는 스승의 말에 위안을 받고 명상을 계속하고자 동굴로 돌아갑니다. 그때 밀라레파가 스승을 의지하고 기댄 것은, 아직 구루를 독립된 인격, 친구로 보는 관념에서 해방되지 못했음을 보여주고 있는 것입니다.

그러나 밀라레파가 동굴로 들어갔을 때 그 안에는 눈알이 손잡이 달린 냄비만 하고 몸집은 엄지손가락만한 마구니들로 가득 차 있었지요. 그는 그 마구니들이 자기를 조롱하고 괴롭히지 못하게 하려고 온갖 수단을 다 써보았지만 소용이 없었습니다. 그러다가 그가 아무런 시도도 하지 않기로 마음먹고 자신의 위선을 인식하면서 자기를 활짝 열어놓자, 비로소 그들은 자취를 감추고 맙니다. 이때부터 밀라레파의 노래에 획기적인 변화가 이루어지지요. 독립된 인격의 모습을 한 마르파에게만 의존하는 대신, 우주의 모든 것이 자기를 가르치는 구루임을 깨달아 알게 되었기 때문입니다.

미운 놈 쫓아 버리는 방식으로는 끝내 미운 놈을 처치할 수 없을 겁니다. 이제라도 미운 놈과 함께 살되 그로부터 상처 받지 않는 방법을 찾아보는 것이 훨씬 낫고 또 희망적이에요.

그리고 이건 아는 사람이나 아는 비밀이지만, 사방을 둘러봐도 세상 천지에 '미운 놈'이 없는 그런 사람들이 있습니다. 게다가 한 가지 기쁜 소식은, 당신도 그런 사람이 될 수 있다는 것입니다.

깨어 있는 사람

　이른바 회갑을 맞아 한 해를 어찌 보낼까 궁리하다가, 한평생 시끄럽게 굴었으니 근신하는 뜻에서 '침묵'을 해보자는 생각이 들었습니다. 그래서 그렇게 했지요. 고맙게도 아내가 동의를 해주었기에 시작은 쉬웠습니다.

　며칠 지나자 문득, 이건 '침묵'이 아니라 '침묵-쇼'라는 생각이 드는 거예요. 침묵이라면 문자 그대로 말을 하지 않는 것인데, 제가 하는 꼴을 보니까, 소리 내어 입으로 하는 말만 하지 않을 뿐 사실은 온몸으로 온갖 말을 다하고 그래도 시답잖으면 글을 써서 팔이 아프게 '필담'을 나누더란 말입니다.
　슬프지 않은데 슬픈 척, 말을 하면서 안 하는 척, 그게 쇼 아니고 뭡니까?

자, 이 웃기는 쇼를 계속할 것인가? 고민이 되더군요. 그러다가 결단을 내렸지요. 그래, 계속해보자. 이제부터 '침묵'을 하는 게 아니라 '침묵-쇼'를 하는 거다!

지금도, 그때 그러기를 잘했다는 생각입니다. 침묵-쇼를 계속한 게 잘했다는 말이 아니라, 내가 지금 침묵-쇼를 하고 있다는 사실을 알아차리고 그것을 계속할 것인가 말 것인가 고민하다가 계속하기로 선택한 게 잘했다는 말이올시다.

만일 그때 침묵-쇼를 그만두기로 결심하고 그렇게 했더라도 역시 잘했다 할 것입니다. 자기가 무슨 일을 하고 있는지 스스로 알고 본인의 자유의지로 그만둔 것이니까요.

사람이 어디서 무슨 일을 하든, 그 '행위'는 두 종류로 나뉜다고 봅니다. 하나는 깨어 있어서 자기가 무슨 짓을 하고 있는지 아는 가운데 하는 행위요, 다른 하나는 잠들어 있어서 자기가 무슨 짓을 하고 있는지 모르는 가운데 하는 행위지요.

깨어 있는 사람은 죄를 짓지 못한다(죄를 지을 수 있는데 짓지 않는 게 아니라)는 말을 어디선가 들었는데, 이제 그 뜻을 조금 알겠습니다. 태양이 어둠을 뿜어내지 못한다는 말과 같은 뜻일 테니까요.

애기봉 바다에서
을숙도 바다로

오늘, 2008년도 부활주일을 맞아 '생명의 강을 모시는 사람들'과 함께 낙동강 줄기를 따라 걸었어요. 제가 들어서 알기로는, 저들의 이번 '순례'가 한강을 거슬러 올랐다가 낙동강을 타고 내려갔다가 다시 영산강을 거슬러 올랐다가 금강을 타고 내려가도록 설계되어 있다고 합니다. 한강이니 금강이니, 두 번이니 한 번이니, 그런 수식어 모두 떼고 말하면 결국, 강을 거슬러 올라가는 데까지 올라갔다가 강을 따라서 내려가는 데까지 내려간다는 얘기가 되겠습니다.

스스로 강이 되어 생각해봅니다. 나는 지금 바다 쪽으로 내려가는 중입니다. 그런데 내가 이렇게 바다 쪽으로 내려가는 것은 이보다 앞서 바다를 등지고 산 위로 올랐기 때문입니다. 만일 내가 '한강'이라는 이름으로 경기도 애기봉을 떠나 문경새재를 오르지 않았다면 지금 '낙동강'이라는 이름으로 부산 을숙도를 향해 내려갈 수 없을 것입니다.

나는 왜 바다를 떠나 산 위로 올라갔을까? 왜 애기봉을 떠나 '해발 얼마'라는 꼬리표가 붙은 곳으로 기어오르면서 두 큰 기둥(북한강, 남한강)으로 갈라지고 그 기둥들은 또 수많은 가지들로 갈라지며 이렇게 거대한 나무처럼 되었을까?

사실, 애기봉에서 뭍으로 기어오를 때부터 '한강'이라는 이름을 가지게 되었지만, 본디 나는 바다입니다. 그래요! 나와 바다는 동떨어진 둘이 아닙니다. 다만, 내가 나를 등지고 뭍으로 기어오르기 시작했을 때부터, '바다' 대신 '강'이라는 이름을 지니게 되었고, 실제로 바다와 다른 '강'이 된 것입니다. 그리하여 나와 바다는 둘도 아니면서 하나도 아니고, 둘이면서 하나인 이상한 사이가 되었지요.

어쨌거나, 본디 바다인 나는 지금 강이 되어 나를 등지고 멀리 갈 수 있는 데까지 멀리 갔다가 다시 나를 향해 돌아가는 중인데, 끼룩거리는 갈매기들 소리가 들리고 비릿한 해풍海風이 스쳐가는 걸 보면, 거지반 다 온 것 같습니다.

돌아보면 참 멀고 험한 길이었어요. 아, 나는 왜 나를 등지고 나한테서 가장 멀리까지 자신의 흐름을 거스르며 힘겹게 올랐다가 지금 다시 나를 향해 자신의 흐름을 타고서 별로 힘들지 않게 내려가는 걸까요?

지금 내 머리로 생각할 수 있는 이유는 하나밖에 없습니다. 바다인 내가 바다 아닌 강으로 몸을 바꾸었다가 강 아닌 바다로 돌아가는 것은, 그것은 내가 나를 실현하기 위해서입니다. 내가 나를 실현한다는 말은, 내가 누구인지를 스스로 알고 그렇게 아는 나로 존재한다는 말이올시다.

내가 '무엇'을 안다는 것은 '무엇 아닌 것'을 경험했다는 얘깁니다. 어둠을 겪어보지 못한 사람은 환한 게 어떤 건지 알 수 없습니다. 태어나기 전부터 눈이 먼 사람은 평생 어둠 속에 살면서도 어둠을 모를 거예요. 그 사람이 '어둠'을 알려면 눈을 뜨고 '밝음'을 겪어보아야 합니다.

그러니, '애기봉 바다'는 '을숙도 바다'와 같은 바다지만 전혀 다른 바다입니다. 앞의 바다는 강으로 흘러보지 못한 바다요, 뒤의 바다는 강으로 흘러본 바다니까요. '애기봉 바다'는 자기가 바다인 줄을 모르는 바다이고, '을숙도 바다'는 자기가 바다인 줄을 아는 바다입니다.

젖먹이 아이는 누구나 바다입니다. 아이에게는 나와 나 아닌 무엇이 따로 없습니다. 나와 나를 에워싼 세계가 둘이 아닌 거예요. 젖먹이는 그러므로 광대무변입니다. 젖먹이에게는 인종도 없고 국경도 없고 선도 없고 악도 없고 다른 어떤 장벽도 한계도 원천적으로 없는 것들입니다.

그러나 그 아이는 자기가 광대무변 바다인 줄을 모릅니다. 무한존재면서 자기가 무한존재임을 모르는 거예요. 아직 어른으로 되어보지 못했거든요. 유한존재를 경험하지 못했단 말입니다. 이제 막 태어난 아이는 강이 되어 흘러보지 못한 '애기봉 바다'입니다.

그가 자라나 어른이 되어, 온갖 구속과 고통과 한계를 모두 경험하면서 그것들을 타고(乘) 다시 젖먹이로 돌아가면 마침내 '을숙도 바다'로 장엄하게 자기를 실현하는(seif-realization) 천상천하유아독존인 것입니다.

2008년 부활주일에 주님은, '생명의 강을 모시는 사람들'과 함께 낙동강 줄기 따라 바다로 내려가는 저에게 길벗으로 오시어, 대략 위와 같은 내용의 이야기를 들려주셨습니다.

내가 아니라
너다

제천 어느 가톨릭 성당에서 성경 이야기를 할 때였어요. 20년쯤 전 얘깁니다. 하느님이 말씀으로 세상을 지으셨다는 제 말에, 맨 앞줄에 앉아 있던 할머니 한 분이 무슨 말인지 모르겠다는 표정으로 고개를 가로젓는 겁니다.

"할머니, 왜 고개를 저으셔요?"

"방금 그 말이 곧이듣기지 않아서."

"뭐가 곧이듣기지 않아요?"

"하느님이 누군지 모르지만, 어떻게 말로 세상을 만들었대요? 손으로 주물러서 만들었다면 몰라도."

"그러니까 손에는 힘이 있지만, 말에는 힘이 없단 얘기지요?"

"아, 말이 보이기를 해? 잡히기를 해?"

"말에 힘이 있는 걸 증명해 보여드리면 믿겠어요?"

"그야……."

"좋아요. 당장 보여드리지요. 그런데, 공짜로 보여드릴 순 없으니까 잠깐 수고해주세요. 할 수 있겠어요?"

"그럽시다."

"자리에서 일어나 보세요."

할머니가 앉았던 걸상에서 일어나셨어요.

"됐어요. 한 바퀴 돌아보실래요?"

할머니가 한 바퀴 돌았습니다.

"수고하셨어요. 앉으세요."

할머니는 자리에 앉고, 제가 회중에게 물었지요.

"어때요? 말에 힘이 있습니까? 없습니까?"

모두들 박수를 치고 웃으며 "있어요!" 하는데, 할머니만 영문을 모르겠다는 표정이었어요. 설명을 하자, 뒤늦게 알아차리고는 고개를 끄덕이셨지요.

"이렇게 사람 말에도 힘이 있는데, 하느님 말씀에 힘이 없단 말입니까?"

할머니 표정이 밝아지면서, 그렇게 해프닝은 끝났습니다.

집회 마치고 돌아오는 길이었어요. 버스에 앉아 깜빡 졸다가 깨어나는데, 그분이 저에게 말씀하셨습니다.

"아까, 그 할머니 해프닝 말이다."

"예."

"아슬아슬하지 않았느냐?"

"예?"

"할머니가 네 말대로 움직여주었으니 망정이지, 그러지 않았으면 어쩔 뻔했느냐?"

"……."

"아까 네 말을 힘 있게 한 것은 네가 아니라 할머니였다. 만일 할머니가 네 말을 듣지 않았다면, 그래서 일어나 한 바퀴 돌지 않았다면, 네 말에는 아무 힘이 없었을 것이다."

"……."

드릴 말씀이 없어 멍하니 앉아 있는 저에게, 그분은 다시 한마디 하셨지요.

"알겠느냐? 오늘 이 땅에서 내 말을 살아 있게 하느냐, 죽어 있게 하느냐가 바로 너한테 달렸다. 내가 아니라 너다."

"아, 주님!"

"이제부터 알아서 해라."

그 작은 '사건'으로 경전을 읽는 저의 태도가 달라진 것 같습니다. 경전은, 제 머리로 이해할 책이 아니라 몸으로 따라야 할 명命이었어요. 백 마디 말씀의 심오한 뜻을 깨달아 알려고 하기보다 한마디 말씀을 들은 대로 실천에 옮기는 것, 그것이 저에게 '경전 읽기'의 중심 내용으로 된 것입니다.

물론, 생각대로 쉽게 되지는 않습니다만, 그래도 저는 그분 말씀의 해석을 둘러싸고 벌이는 백 마디 현란한 논쟁보다, "너를 헐뜯고 괴롭히는 자들을 위하여 복을 빌어주라"는 한마디 말씀을 온전히 실천하는 데 저의 남은 생애를 바치고 싶습니다.

잘못 읽었을지
모르는 노자

어느 학자가 『노자 강의』를 출판했는데 그 책을 광고하는 지면에서, "지금 '노자'는 '노자'가 아니다"라는 문장을 읽었습니다. 광고문을 좀더 읽어보니, 오늘 한국에서 번역, 출판된 '노자 읽기'들이 중국인 왕필의 잘 못된 '읽기'에 근거한 것이므로 "모두" 틀렸다는 내용이더군요.

저는 좀 놀랐습니다. 광고 문안의 시是와 비非에 대하여는 광고된 책을 한 줄도 읽어보지 못한 저로서 뭐라고 말할 수 없는 것이고, 아마 읽어보 았더라도, 감히 그것이 옳다거나 그르다거나 말할 자격도 실력도 저에게 없는 것을 잘 알고 있으니, 제가 놀란 이유는 다른 데 있습니다. 제가 놀 란 까닭은, 그 말투의 분명함과 단호함 때문이었어요.

아하! '노자'를 이렇게도 읽을 수 있구나. '노자'를 읽어서 이렇게 자기 아닌 남에 대하여 단호하고 자신만만인 사람으로 될 수도 있는 거구나!

사실은 좀 놀란 게 아니라 많이 놀랐습니다. 왜냐하면, 제가 스승한테서 배운 노자는 분명하기보다 흐릿하고, 단단하기보다 부드럽고, 강하기보다 약하고, 말에 능숙하기보다 어눌한 사람이 되라고 가르치신 분이거든요.

더군다나 그것이 '틀리게 읽은 노자'라니, 어찌 아니 놀랄 수 있겠습니까?

잠시 생각하다가 결론을 내렸어요. 아니, 스승께 여쭈어 답을 얻었습니다.

"어쩌지요? 저의 '노자 읽기'가 틀렸답니다."

"한 사람이 자기 생각을 말한 것일 뿐이다."

"제가 틀렸다는데요?"

"도대체 '노자'를 어떻게 읽었기에, 누구의 한마디에 그리도 흔들리는 거냐?"

"……."

"……."

"알겠습니다. 흐릿하기보다 분명하고, 부드럽기보다 단단하고, 약하기보다 강하고, 멍청하기보다 똑똑한 사람이 되라는 게 '노자'의 본디 가르침이고 제가 그것을 잘못 읽은 거라면, 좋습니다, 차라리 그렇게 잘못 읽은 '노자'를 택하겠어요. 그래서 여태껏 잘못 읽었을지 모르는 노자의 가르침을 계속 받들어 모시며 살겠습니다."

강이냐, 문명이냐

제대로 기억하고 있는 건지 모르겠으나 중국의 황하, 인도의 갠지스, 이집트의 나일, 중동의 티그리스와 유프라테스를 인류 4대 문명 발상지로 초등학교 때 배운 것 같습니다. 거명된 곳 모두 강입니다. 무슨 말인가요? 별것 아니에요. 문명이란 사람들이 모여서 살다보면 생겨나는 것이니까, 사막도 아니고 산꼭대기도 아닌 강가에 사람들이 모여 살았다는 얘기올시다.

왜 그랬을까요? 많은 사람이 먹을 물을 얻기에 가장 쉬운 곳이 바로 강이기 때문이에요. 골짜기 샘물도 식수로는 그만이지만 여럿이 함께 먹기에는 양이 너무 적어서 곤란하지요. 바닷물은 그 양에 한이 없지만, 짠 소금기 때문에 식수로 사용할 수가 없습니다. 그러니, 고대 문명의 발상지가 산도 아니요 바다도 아닌 강변인 것은 너무나 당연한 일이었어요.

하지만 강 자체가 인류 문명을 일으킨 것은 아닙니다. 강기슭에 모여 살던 사람들의 일상생활에서, 들판에 꽃들이 피어나듯, 저절로 피어난 것이 문명이지요.

사람들은 저희를 낳아준 부모와 저희가 낳은 자식들 사이에서 살아갑니다. 그 중간 지대야말로 누구도 피할 수 없는 생존 공간입니다. 마찬가지로, 자신을 살아 있게 하는 강(물)과 자기네가 만든 문명 사이에서 살 수밖에 없는 것이 인간의 숙명이에요.

'종교'란, 문자 그대로 읽으면, '가장 높고 으뜸 되는 가르침'이란 뜻인데, 무릇 가르침이 존재하려면 저쪽에 선생이 있고 이쪽에 학생이 있어야 합니다. 불교는 말 그대로 부처(佛)의 가르침이고, 기독교는 그리스도(基督)의 가르침입니다.

나는 아무것도 모르던 코흘리개 어린 시절, 어머니 손을 잡고 교회에 나갔고 그것이 인연으로 되어 한평생 기독교인으로 살아왔습니다. 앞으로도 이번 생을 마칠 때까지는 이 길을 계속 걸어야 할 것 같아요.

그리스도는 내게 무엇을 가르치는가? 나는 그에게서 무엇을 배우는가? 이 질문에 대한 답을 찾고, 그 찾은 답에 따라서 살아가는 것이 이른바 '종교인'이라는 찌지를 달고 있는 내 인생의 모든 것입니다.

그리스도는 말씀하십니다. "어차피 태어난 생명이니 숨을 거두는 순간까지는 살아야 하는 것이 네 운명이다. 그러니 얼마나 오래 사느냐가 아니라 오늘 하루를 어떻게 사느냐가 너에게 주어진 피치 못할 과제다. 네가 이 과제를 푸는 데 도움이 되고자, 내가 지금 여기 있다. 원한다면, 내가 가르친 대로 해보아라. 너도 나처럼 살 수 있을 것이다."

그러면서 그분은 말과 행동으로 당신의 가르침을 보여주십니다. "나는 언제 어디서나 내 뜻을 실천하기보다 나를 보내신 아버지의 뜻을 실천하고자 하였고, 과연 그렇게 했다. 너도 그렇게 하여라. 네가 만든 작품들보다 너를 만든 창조주를 항상 먼저 생각하고, 불가피한 경우, 전자를 죽여서 후자를 살려라. 그것이 너와 네 작품들이 영원토록 살아남는 길이다."

성경에는 자기가 낳은 자식을 죽여서 자기를 낳은 부모를 살리고자 하였고, 그 결과로 본인과 자식이 그 부모와 함께 살아남는 이야기가 기록되어 있습니다.

하루는 하느님이 아브라함에게 나타나, 백 살에 얻은 아들(이사악)을 제물로 잡아 바치라고, 마른하늘에 날벼락 같은 명령을 내립니다. 명령이란, 내리는 쪽과 받는 쪽이 있어서 성립되는 것인데, 명령의 내용을 결정하는 것은 내리는 쪽이고 그것의 실천을 결정하는 것은 받는 쪽입니다. 명령을 받는 쪽에서 그대로 할 수도 있지만 하지 않을 수도 있습니다. 그리고 그것은 명령을 내리는 쪽에서 간섭하여 주장할 수 있는 무엇이 아니지요.

아브라함은 자기가 낳은 자식(이사악)이냐, 자기를 낳은 아버지(하느님)냐, 둘 가운데 하나를 선택해야 하는 갈림길에 내몰렸습니다. 그는 결정을 내려야 했고, 그것도 혼자서 내려야 했어요. 고심 끝에(?) 아브라함은 자기가 낳은 자식을 죽이고 자기를 낳은 아버지를 살리기로 마음먹고, 그대로 했습니다. 그래서 아들도 살고 본인도 살고, 그를 피할 수 없는 양자택일의 궁지로 내몰았던 아버지 하느님(의 명령)도 살았다는 게,「창세기」22장에 기록된 이야기의 내용이에요.

예수도 잡히기 전날 밤, 하느님(아버지)에게 기도합니다. "아버지는 모든 일을 다 하실 수 있으니 저에게서 이 죽음을 거두어주십시오. 그러나 이는 제 뜻입니다. 제가 만든 저의 뜻을 비우겠으니 그 자리에 저를 지으신 당신의 뜻을 채우십시오. 그리하여, 제가 만든 저의 뜻이 아니라 저를 지으신 아버지 당신의 뜻이 저한테서 이루어지기를 바랍니다." 그 기도의 결과가 십자가였고, 십자가의 다른 얼굴이 부활이었다는 것이 기독교가 전하는 도道의 핵심이지요.

강이 사람보다 먼저 있었습니다. 강(물)이 사람을 있게 한 것이지 사람이 강(물)을 있게 한 것은 아니에요. 사람이 없어져도 강은 흐릅니다. 그러나 강이 사라지면 사람은 더 이상 살아남지 못하지요. 강 덕분에 사람이 사는 것이지 사람의 수고로 강물이 흐르는 것은 아닙니다.

까마득한 옛날부터 우리 선조들이 그래왔듯이, 우리는 시방 사람을 살아 있게 하는 강(물)이냐? 사람이 만들어내는 문명(좀더 편리한 삶의 방식)이냐? 둘 가운데 어느 한쪽을 선택해야 하는 절박한 갈림길에 서 있습니다. 우리의 자식(문명) 사랑이 지나쳐 어머니 젖줄(자연)을 말려버릴 위기에 이르렀기 때문입니다.

무엇이든지 정도가 지나치면 그 순간 '나쁜 것'으로 바뀝니다. 아무리 좋은 음식도 너무 많이 먹으면 배탈이 나서 고통을 겪는 법이지요. 사람이 편리하게 살고 안락하게 사는 데도 정도程度가 있습니다. 우리가 그 '정도'를 잘 알아서 거기에 맞추어 살았더라면, 저렇게 강물이 들고 일어나, "너를 살아 있게 하는 나냐? 아니면 네가 만들어낸 문명생활이냐? 둘 가운데 하나를 택하라"고 최후의 선택을 강요하는 일은 없었을 것입니다.

기독교 성경에서 가장 널리 알려진 강은 아마도 요르단 강일 거예요. 요르단 강은 모세가 이집트에서 종살이하던 히브리 백성을 이끌고 40년간 광야를 방랑한 끝에 목적지인 가나안 땅을 바라보며 숨져간 바로 그곳에 흐르던 강이에요.

요르단 강을 건넌다는 것은 옛날 종살이하던 선조들에게서 태어났지만 그들과 전혀 다른 삶의 양식을 터득한 새로운 후손들의 출현을 뜻합니다. 그들은 사람의 생각과 사람의 욕심에 끌려 살지 않고 하늘의 뜻에 순종하며 살아갑니다. 그래서 기독교인들은 사람이 죽었을 때, "며칠 후 며칠 후 요르단 강 건너가 만나자"고 노래하는 것입니다.

그 요르단 강을 건너기 위하여 우리는 우리가 만든 안락하고 편리한 삶을 포기하여, 인간의 무지와 탐욕으로 말미암은 착취와 멸시로 썩어 악취를 풍기며 말라가는 저 강물을 살려내기로 결단하고 그 결단을 실천에 옮겨야 합니다. 그러지 않으면, 좀더 잘 살아보려다가 너도 죽고 나도 죽고 모두가 죽는 파멸의 길을 피할 수 없을 것입니다.

망고처럼
노란 눈(雪)

    간밤에도 저는 새로운 사실 하나를 알았습니다. 도법 스님하고 얘기를 나누다가, 미얀마에서는 지금도 "누구나 부처가 될 수 있다"는 대승불교의 가르침이 너무나도 크고 높아서 일반 불자들은 아예 그런 말을 듣는 것조차 낯설어한다는 겁니다. 그러니까 우리가 지금 상식처럼 알고 있는 "성불成佛합시다"라든가 "네가 바로 부처다"라는 말이 처음 등장했을 때에는 엄청난 혁명적 발언이었고, 그런 주장을 폈다는 이유로 추방당하거나 죽임을 당한 사람들도 많이 있었다는 거예요.

    저도 스님에게, 모든 사람이 '만군의 주' 곧 '군대 총사령관 하느님'을 믿고 따르던 시절에, 좋은 사람이든 나쁜 사람이든 가리지 않고 햇빛과 비를 내리시며 어떤 경우에도 앙갚음하지 않는 '아버지 하느님'을 설교하신 예수님이 당시에 얼마나 혁명적 인물이었고, 그래서 결국 보수파 집권 세력에 의하여 처형당할 수밖에 없었다는 얘기를 들려주었지요.

그렇게 우리는 우연히 이야기를 나누다가 서로에 대하여 다르면서도 같은 진실을 새로 알게 되었습니다.

모르던 사실을 알게 되는 것도 흥미롭고 소중합니다만, 여태 잘못 알고 있던 것을 바로 알게 되는 것은 훨씬 더 흥미롭고 소중합니다.
"오늘도 저와 동행해주십시오"라는 기도를 습관처럼 되풀이하던 어느 날, "이제 그 기도 그만둘 때가 되지 않았느냐? 네가 몰라서 그렇지, 나는 네가 세상에 태어난 뒤로 단 한순간도 너와 함께 있지 않은 적이 없었고 앞으로도 그럴 것이다. 늘 함께 있는 사람한테 자꾸만 함께 있어 달라고 하면 어쩌란 말이야?" 제 중심에서 울려나오는 이 음성을 듣고, 그동안 주님이 언제 어디서나 저와 함께 계셨는데 다만 그것을 제가 몰랐을 뿐이라는 사실을 문득 알게 되었을 때의 그 감격과 기쁨이 아직도 이렇게 생생합니다.

자기가 여태 잘못 알고 있었음을 깨쳤다는 말은, 여태 모르던 진실을 알았다는 말입니다. 무엇에 대한 진실을 알기 전에는 그것에 대하여 자기가 잘못 알고 있었음을 깨칠 수가 없으니까요. 예를 들어, 아프리카 적도 마을의 한 아이가 "추운 나라에는 눈이 하늘에서 내리는데 망고처럼 노란색이다"라고 잘못 배워서 그렇게 알고 자랐다 합시다. 그 아이가 청년이 되어 한국에 왔다가 하늘에서 흰 눈이 내리는 것을 난생 처음 보았어요. 그것이 눈이라는 말을 듣는 순간, 비로소 자기가 여태 눈이 노란색인 줄 잘못 알고 있었음을 깨치게 되는 것입니다.

그러니, 뭔가를 잘못 알고 있었다는 사실을 깨닫게 되는 것이야말로 얼마나 소중하고 흥미로운 일입니까? 하지만 만약 그 아프리카 청년이 어렸을 때 알았던 지식을 무슨 대단한 진리인양 목숨 걸고 지키기로 마음먹었다면, 자기 어깨로 내리는 눈을 맞으면서, "이건 눈이 아니야, 망고처럼 노란색이 아니니까!"라고 단호하게 말하겠지요?

오늘도 새날이 밝았습니다. 아, 오늘 저는 또 무슨 새로운 사실을 처음 알게 되거나 잘못 알던 사실을 바로 알게 될까요? 생각만 해도 가슴이 두근거리는 아침입니다.

이놈의 버르장머리

저에게 고약한 버릇이 하나 있습니다. 저한테 그런 버릇이 있음을 처음 일깨워준 사람은 제 아내인데, 물론 저는 그럴 리 없다고 부인했지요. 자기가 그러고 있는 줄 알면 그 순간부터 '버릇'은 힘을 잃게 됩니다. 버릇은 자기가 그러고 있는 줄 모르는 데서 그 힘이 나오거든요.

처음에는 부인했지만 거듭거듭 지적을 받은 뒤 이제 비로소 시인하게 된 저의 '고약한 버릇'이란, 누가 뭐라고 할 때 그게 아니라고 부정부터 하는 겁니다. 예를 들어, 아내가 "복숭아 먹겠어요?" 하면 복숭아를 먹을까 말까 생각도 하지 않고서, "아니, 안 먹어" 하며 손사래를 치는 거예요. 아내가 "이거 입어요" 하고 옷을 내밀면 저는 벌써 "아냐, 안 입어" 거절부터 하고 봅니다.

어저께만 해도, 함께 길을 걷던 연관 스님이 담양 명물이라는 삶은 달갈을 내밀며, "달걀 드시겠어요?" 했을 때 저는 "아닙니다. 금방 밥을 먹었더니 배가 부르네요" 하고 거절했지요. 거절한 게 잘못도 아니고, 방금 식사를 마친 것도 거짓말은 아니고, 그래서 배가 불렀던 것도 사실이긴 합니다만, 문제는 그 '거절'이 아무 절차도 거치지 않고 제 입에서 총알처럼 발사된 '버릇'이었다는 바로 그 점입니다.

아내가 지치지 않고 지적해준 덕분에, 만시지탄은 있지만, 이제라도 저에게 그런 고약한 버릇이 있음을 알게 되었으니 천만다행입니다. 이놈의 버르장머리, 내 어떻게든 뿌리 뽑고 말 것입니다.

어쩌다가 이 글을 읽으신 분들 가운데 혹시 인연이 닿아서 저를 아시는 분이 있거든, 저에게 이런 버릇이 있다는 사실을 기억하시고, 무슨 말씀을 하셨을 때 제가 "아뇨, 됐습니다" 하고 거절하거든, "그거 버릇으로 하는 거절인가요?" 하고 일깨워주시기 바랍니다. 그렇게 해주신다면 제가 이놈의 못된 버르장머리를 바로잡는 데 큰 도움이 되겠습니다.

화를 내지 말라는 게
아니에요

　먹은 음식이 체하여 거북할 땐 토하는 게 상책입니다. 속에서 부글거리는 화는 체한 음식과 같지요. 누구의 언행이 맘에 들지 않아서 소화가 안 되는 겁니다. 저는 술만 마시면 영락없이 토해서, 실은 그게 싫어 술을 마시지 않습니다. 제 속이 알코올을 소화해내지 못하는 거예요. 음식 체하는 데도 종류가 있어서, 음식 자체가 상한 것일 수도 있지만 멀쩡한 음식을 내가 잘못 먹었을 수도 있습니다. 화가 나는 것도 그래요. 상대방이 그릇되었을 수도 있지만 내가 잘못 보았을 수도 있거든요.
　아무튼, 소화제를 먹어도 계속 거북하면 토하는 게 상책이듯이, 화도 참을 만큼 참으며 다스려보다가 도저히 참을 수 없을 정도로 치밀어 오르면 바깥으로 토해내는 게 잘하는 짓입니다.

　그런데요, 사람들이 음식 토할 때에는 장소를 가려 아무도 없는 후미

진 곳이나 화장실 같은 곳에 토하면서, 화는 왜 아무데서나 마구 내는 걸까요?

가끔, 밖에서 무슨 일로 화가 나가지고는 집에 와서 식구에게 '화풀이'를 하며, "내가 당신한테 화를 풀지 않으면 어디에다 풀어?" 하는 사람을 보는데, 정말 딱하고 민망한 사람이 아닐 수 없습니다. 혹시 집안에서 화가 났더라도 밖에 나가서 풀 일인데 오히려 엉뚱한 데서 먹고 체한 음식을 집에 와서 안방에 토하다니, 세상에 그런 못난이가 어디 있습니까?

화를 내지 말라는 게 아니에요. 물론, 누가 무슨 짓을 해도 화가 나기는커녕 오히려 그 사람이 안돼 보이고 불쌍해 보이는 성인군자가 된다면야 더 말할 게 있겠습니까만, 그러지 못한 우리네 보통사람의 경우 무조건 화를 내지 말라는 건 지나친 요구지요. 다만, 체한 음식 토할 때 장소를 가리는 그 정도 만큼만이라도, 화를 낼 때 장소를 가려서 내보자는 얘기올시다. 사실 뭐 그렇게 어려운 일도 아니잖아요?

짐 포리스트는 틱낫한이 미국에서 순회강연을 할 때 있었던 사건 하나를 기억하고 있다. 그가 미국 사람들에게 베트남에서 벌어지는 살생을 끝내야 할 필요성을 얘기하고 있는데 청중 가운데서 성이 잔뜩 난 사람 하나가 소리를 질렀다. "당신이 그렇게도 베트남 인민을 걱정한다면 지금 여기서 무엇을 하고 있는 거요?" 틱낫한은 똑같이 화를 내며 대답할 수 있었지만 그러지 않았다. 그 대신, 한참 동안 말을 않고 있다가 조용히, 자기가 여기 있는 까닭은 이곳에 전쟁의 뿌리가 있기 때문이라고 대답한 다음, 서둘러 강당을 떠났다. 포리스트는 그의 뒤를 따라가서 어떻게 하고 있는지를 보았다. 마치 깊은 물속에 들어갔다가 겨우 수면 위로 헤엄쳐 올라온 사람처럼 헐떡거리며 숨을 쉬고 있었다. 그는 성난 청중의 말을 듣고 너무나도 화가 났다. 그러나 그 자리에서 화를 내며 맞받아치는 대신에 다른 장소로 가서 심호흡을 했다. 깊은 호흡으로 자신을 회복할 시간을 가졌던 것이다. 내 눈에는 그 사건이야말로 틱낫한의 인간성, 그의 취약함, 그리고 무지와 증오로 말미암은 폭력 앞에서도 마음의 평정을 유지하기 위한 끊임없는 노력을 잘 보여주는 사건이다.

— 로버트 H. 킹Robert H. King,

『토머스 머튼과 틱낫한(Thomas Merton and Thich Nhat Hanh)』.

돌아서서 참회하는 후레자식들

어젯밤 저는 충북 청원군 미호천 팔결교 다릿목에서 잤습니다. '생명의 강을 모시는 사람들' 도보순례에 하룻밤 동참한 것입니다.

아침에 일어나 세수를 하려고, 코앞에 흐르는 미호천으로 내려갔는데 차마 손을 담글 용기가 나지 않더군요. 한쪽 구석 풀숲에 팔뚝만한 잉어 한 마리 배를 뒤집어 하늘을 향하고 떠 있었어요. 죽은 지 여러 날 된 것 같았습니다.

세수조차 할 수 없을 만큼 더러워진 강. 물고기 주검과 함께 썩고 있는 강. 그 강이 저를 보고 가까스로 한마디 하는 것이었어요.

"이제 오느냐?"

무슨 일로 그렇게 바쁜지, 고향에 어머니 홀로 계신다는 사실조차 까맣게 잊고 지내다가, '어머니 중태 급래요망'이라는 전보를 받고 허둥지둥 내려온 못난 자식의 심정이었습니다. 그리하여 저는 제가 어머니를 제대로 공경할 줄 모르는 불효자식은 관두고, 어머니를 능멸하며 업신여기는 천하에 몹쓸 후레자식인 것을 알았습니다.

"죄송합니다, 어머니. 제가 잘못 생각하고 잘못 살았습니다. 용서해주세요. 다시는 어머니를 등지지 않겠습니다."

참회하는 마음으로, 신음소리조차 없이 무겁게 흐르는 어머니를 내려다보았어요. 어머니가 마지막 남은 기력으로 저를 안아주시는 느낌이었습니다.

고개를 돌려, 함께 100일 순례를 하고 있는 도반들을 보았을 때, '아하, 저들도 돌아서서 참회하는 후레자식들이구나!' 감동이 일더군요. '한반도 대운하'라는 이름의 배달부가 전해준 '어머니 중태 급래요망'이라는 전보 한 장이 우리를 이렇게 한 줄로 서서 걷게 하는구나! 걸으면서 참회하고, 가쁜 숨 몰아쉬는 어머니에게 절하고, 다시는 물 한 방울 쌀 한 톨 우습게 여기지 않겠다고, 그분들을 본디 자리인 부모님 상석에 모시고 공경하며 살겠다고 다짐하게 하는구나!

제 눈에는, 극소수의 깨친 이들을 제외하면, 오늘 이 땅에 살아가는 모든 인간이 영락없는 후레자식들입니다. 50평 아파트에 살다가 80평 아파트로 옮기기 위해 고향의 마지막 남은 어머니 집터마저 팔겠다고 우기는 어이없는 후레자식들입니다.

다만, 자기가 후레자식임을 깨닫고 돌아서서 참회하는 후레자식들이 있고 제가 어머니에게 무슨 망나니짓을 저지르고 있는지 아직 모르는 후레자식들이 있을 뿐이지요.

그래서 저는 희망을 품습니다. 뉘우쳐 돌아선 후레자식은 더 이상 후레자식일 수 없으니까요. 반죽은 떡이 될 수 있지만 떡은 반죽이 될 수 없듯이, 한 번 돌아선 후레자식은 돌아서기 전의 후레자식으로 되돌아갈 수 없습니다. 갈릴레이가 지동설을 발표했을 때 세상은 그를 미쳤다고 비웃으며 옥에 가두었지만 그러나 '미친 갈릴레이들'의 수는 오히려 늘어만 갔고 마침내 인류 전체가 의식의 임계점을 통과하여 지금은 아무도 "해가 지구를 돈다"고 말하지 않습니다. 보십시오, 돌아서서 참회하는 후레자식들은 그 수가 갈수록 늘어날 뿐, 결코 줄지 않을 것입니다. 대운하를 놓겠다는 미친 후레자식들과 그들을 말리는 돌아선 후레자식들의 씨름은 그러므로 벌써 결판난 것입니다.

이제 우리에게 남은 일은 강물 따라 걸으며 얻은 소중한 교훈과 지혜를 삶 속에 녹여, 할 수 있는 만큼 아파트 평수도 줄이고 승용차도 더 작은 걸로 바꾸거나 아예 없애고 영화구경도 좀 덜 하고 밥도 좀 덜 먹고, 아무튼지 간에 지금보다 더 가난해지는 데 진심을 모으는 것입니다. 그보다 더 시급한 일이 있을 수 없는, 어머니의 회생을 위하여!

3부

한 말씀 얻습니다

모든 사람이
하느님의 자녀지만

모든 사람이 하느님의 자녀지만, 자기가 하느님의 자녀임을 알고 그렇게 믿는 사람만이 하느님의 자녀로 살아갑니다.

모든 사람이 하느님의 일꾼이지만, 자기가 하느님의 일꾼임을 알고 그렇게 믿는 사람만이 하느님의 일꾼으로 살아갑니다.

그래서 "믿는 대로 된다"고 말하는 것입니다. 옳은 말입니다.

하느님의 일꾼은 아무나 부릴 수가 없습니다. 하느님의 일꾼은 곧 하느님의 분신이기 때문입니다. 하느님이 아끼시는 일꾼일수록 그렇습니다.

어느 바이올리니스트가 자기 바이올린을 아무한테나 내어주겠습니까?

그런고로, "나는 하느님의 일꾼이다"라고 자주 자신에게 깨우쳐주어야 합니다. 그래서 자기가 하느님의 아끼는 일꾼이라는 잠재의식이 몸과 마음을 점령할 때, 비로소 우리는 하느님의 일꾼으로 살아가게 됩니다.

그러면 우리는 자기에게 일어나는 모든 일이 하느님이 자기에게 주시는 일임을 알고, 그것이 무엇이든 감사한 마음으로 받아들여, 모든 것에 굴복하면서 누구에게도 무릎 꿇지 않는 '이상한 자유인'("나는 어느 누구에게도 매여 있지 않은 자유인이지만 되도록 많은 사람을 얻으려고 스스로 모든 사람의 종이 되었습니다"〔고전, 9: 19〕)으로 살 수 있는 것입니다.

이상한 평가

오늘 새벽, 좋은 소식 하나 들었어요. 제 속에서, 이름을 알 수 없는 그분이 저에게 말씀하셨습니다. 지금까지 모든 일을 참 잘 해왔다고, 만사에 조금도 모자라거나 넘치지 않았다고, 물론 잘못한 일도 많고 실수한 일도 많지만 그 모든 '잘못들'과 '실수들'조차도 모자라거나 넘치지 않게 아주 완벽하게 잘 해냈다고.

그리고 그분은 당신의 이 '이상한 평가'를 의심하거나 거부하지 말라고 하셨습니다. 하기야 의심하든 거부하든 네 맘이지만 그래봤자 너만 손해니 알아서 하라고 그러시더군요.

저는 저에 대한 그분의 '이상한 평가'를 의심하지도 거부하지도 않기로 마음먹었습니다. 그리고 빙그레 웃는데, 그분이 한마디 더 하셨어요.

"너만 그런 게 아니다. 세상 사람들 모두 그렇다. 저들이 믿거나 말거나!"

이 글을 여기까지 읽으신 당신! 이 해명되지 않는 이상한 평화 바이러스가 당신에게도 전염된다면 참 좋겠습니다만.

하느님에 대한 생각들

하느님을 생각하지 않고서는 살 수 없도록 만들어진 게 사람 같습니다. '하느님'이란 말이 싫어서 쓰지 않는 사람 또는 하느님이 없다고 생각하는 사람도, 그것에 자기 목숨을 거는 뭔가가 있게 마련이지요.

어떤 사람이 공산주의를 실현하는 데 자기 목숨을 걸고 살다가 죽었다면 그에게는 공산주의가 하느님이었던 겁니다. 또 어떤 사람이 자기 목숨 하나 살리려고 온갖 노력을 기울이며 산다면 그에게는 본인의 목숨이 곧 하느님인 것입니다.

그런 뜻에서, 사람은 누구나 자기 하느님을 생각하며(모시며) 살아간다고 봅니다.

저도 예외는 아니겠지요. 그런데 가만 생각해보니, 여태껏 '하느님'이라는 말을 날마다 하면서 살았고 하느님에 대한 생각도 하지 않은 건 아닙니다만, 하느님이 이런 분이라는 분명한 정의는 없었던 것 같습니다. 지금도 누가 저에게 "하느님이 어떤 분이냐?"고 물으면 똑 부러지게 대답할 말이 없으니까요.

다만, 어렸을 적에는 어른들 또는 교회가 가르쳐준 대로 하느님을 생각하다가, 언제부턴가 남들이 설명하는 하느님으로는 성이 차지 않아서 직접 그분을(그분이 있다면) 경험하고 싶은 마음으로 살아온 것은 사실입니다. 그래서 하느님을 경험했느냐고 물으신다면, 하긴 했는데 그게 과연 하느님을 경험한 건지는 모르겠다고 대답할 수밖에 없군요. 그렇게 경험한 하느님이 어떤 분이었느냐고 다시 물으신다면 그 질문에는 답하지 않겠습니다. 뭐라고 말하는 순간 벌써 "아니올시다"가 되고 말 테니까요.

그래도 이렇게는 말할 수 있겠습니다. 제가 경험한(하는) 하느님은, 저의 생각과 느낌과 경험으로 얻은바, 당신에 관한 저의 지식을 끊임없이 깨뜨리시는 그런 분이라고요. 그러니까 그분은 당신에 대한 저의 생각들을, 그것이 어떤 것이든, 모조리 부수어버리는 파괴자인 것입니다. 저에게 그분은, 당신에 대한 형상들뿐 아니라 당신에 대한 생각과 믿음까지도 굳어진 형태로 두기를 허락하지 않는 분입니다.

방금 한 이 말도 그분에 대한 저의 '생각'이니 때가 되면 또 깨어지겠지요.

오늘 새벽, 루미Rumi를 읽다가 이런 문장을 만났습니다.

"하느님, 당신은 온갖 음모와 속임수로 만들어진 덫입니다. 당신 머리 속은 온갖 심술궂은 계획들로 가득 차 있습니다."

그와 저의 만남이 결코 우연이 아닌 듯한 루미의 이 한마디에 제 고개가 절로 끄덕여지는 것은 무슨 뜻일까요? "하느님은 정의로운 분이요, 약자를 편들어주는 분"이라는, 하느님에 대한 저의 오랜 생각이 깨어졌다는 신호일까요?

그렇다면 반가운 소식이 아닐 수 없습니다. 저에게서 하느님이 당신의 일을 이루셨다는 얘기니까요.

인생이란, 마침내 하느님에 대한 모든 '생각들'을 여의는 그날까지, 하느님에 대한 이 생각에서 벗어나 하느님에 대한 저 생각으로 나아가는, 길고 오랜 여정일까요?

사람의 길

저는 사람입니다. 제가 사람이라는 사실을 부인할 사람은 아마 없을 것입니다. 그런데요, 정말 저는 사람일까요?

저는 기독교인입니다. 제가 기독교인이라는 사실도 부인할 사람이 아마 없을 것입니다. 혹시 기독교인으로서 자격이 모자란다고 생각하는 분들은 있을는지 모르겠으나, 모자라는 교인도 교인인 것만은 사실이니까요.

저는 기독교인 가운데서도 개신교인이요, 개신교인 가운데서도 감리교인입니다.

제가 감리교인이라는 말은, 같은 개신교지만 장로교나 침례교인은 아니라는 말입니다.

제가 개신교인이라는 말은, 같은 기독교인이지만 천주교인이나 정교회 교인은 아니라는 말입니다.

제가 기독교인이라는 말에는, 같은 교인이지만 불교인이나 힌두교인은 아니라는 뜻이 담겨 있지요.

이름은 구분 짓기입니다. 어떤 사물에 이름을 붙이면 즉시 그것은 그것 아닌 것들로부터 구분됩니다. 예를 들어, 어떤 꽃에 '민들레'라는 이름이 붙으면 그 꽃은 채송화도 국화도 아닌 겁니다.

저는 어린 시절을 감리교회에서 자랐습니다. 어린 제가 무얼 알고서 여러 교파들 가운데 감리교를 택했겠습니까? 제가 감리교회에서 자란 것은 스스로 선택한 일이 아니었어요. 운명이라고나 할까요? 뭐 그냥 살다 보니 그렇게 되었습니다.

어린 시절 저는 세상에 교회라면 감리교회밖에 없는 줄 알았어요. 그러나 얼마 안 되어 장로교회도 있고 성결교회도 있다는 사실을 알게 되었지요. 처음엔 여러 교회들 가운데 감리교회가 으뜸인 줄 알았습니다.

그러다가 언제부턴지 감리교나 장로교나 성결교나 모두 비슷하고 거기가 거기라는 생각이 들면서 문득 제가 감리교인이긴 하지만 그보다 기독교인이라는 사실에 눈을 뜨게 되었어요. 그때부터 감리교나 성결교나 장로교가 별다른 교회로 보이지 않고 하나인 교회로 보이는 것이었습니다. 그런데 거기서 그치지 않고, 천주교와 개신교가 겉모습은 달라도 속으로는 한 교회임을 깨닫게 되었습니다.

알고 보면 너무나도 간단하고 쉬운 진실인데, 여기까지 오느라고 꽤 오랜 세월 고민하며 헤맸던가봅니다.

아시겠습니다만, 기독교인들은 천주교든 개신교든 정교회든 모두가 예수 그리스도를 교주로 모시고 살아갑니다. 그런데 그 예수님은 이 땅에 계시는 동안 당신 자신을 가리켜 '사람의 아들'이라고 부르셨어요. 당시 사람들이 그분을 '다윗의 후손'이니 '아브라함의 자손'이니 하고 불렀지만, 그것들을 당신 이름으로 받아들이지 않으셨습니다.

그리고 이런 말씀도 하셨지요. "나는 아브라함보다 먼저 있는 사람이다." 이 말은 어떤 한국 사람이 "나는 단군보다 먼저 있는 사람"이라고 말하는 것과 같습니다. 예수님이 부모미생전본래면목父母未生前本來面目을 말씀하신 것 아니겠습니까?

그분은 유대인 가문에 태어나셨지만 유대인으로 살지 않으셨습니다. 유대교 집안에 태어나셨지만 유대교인으로 살지도 않으셨어요. 예수님은 당신 앞뒤에 아무 수식어도 붙지 않은 그냥 '사람'으로 이 세상을 사셨습니다.

저는 스승이신 교주를 본받아 감리교인에서 '감리'가 떨어진 기독교인으로, 기독교인에서 '기독'이 떨어진 교인으로, 교인에서 '교'마저 떨어진 그냥 사람(人)으로 되기를 소원하는, 그래서 아직은 '사람'이 못되었지만 언제고 '사람'이 되기를 소원하는, 그런 사람입니다.

제 소원이 이루어져 '사람'으로 된다면 그때부터 저는 아시아인이면서 아프리카인으로, 한국인이면서 유대인으로, 늙은이면서 젖먹이로, 남자면서 여자로, 성자면서 강도로, 선생이면서 학생으로, 왕이면서 거지로, 붓다면서 범부로, 일등이면서 꼴찌로 살겠지요.

과연 저에게 그날이 올 것이냐 아니면 끝내 그날을 보지 못하고 숨을 거둘 것이냐, 그런 것은 문제가 되지 않습니다. 다만 그날을 바라보고 오늘 하루를 살아가는, 이것 하나로 충분하니까요.

종교를 바다로 흘러가는 강물에 견주는 분이 있더군요. 동감입니다. 강은 바다 가까이 갈수록 깊어지고 넓어집니다. 종교인이 자기 종교의 교주가 계신 곳으로 가까이 갈수록 그 품은 깊어지고 안목은 넓어지겠지요. 품이 깊어진다는 것은 전에 용납되지 않던 사람이나 사건들이 용납된다는 뜻이요, 안목이 넓어진다는 것은 전에 보이지 않던 사물들이 보인다는 뜻 아니겠습니까?

이 세상 모든 종교인이 저마다 자기 종교의 교주가 계신 곳으로 가까이 가면 그만큼 자기와 다른 이들을 이해하고 포용하는 폭도 넓어질 것입니다. 여기야말로 인류가 함께 희망을 둘 유일한 언덕이라고 저는 생각합니다.

몇 해 전, 제가 모교인 K신학대학에서 '종교와 문학'을 주제로 강의를 맡았을 때, 정토회 법륜 스님을 모시고 한 시간 불교문학 특강을 들은 적이 있습니다. 그날 스님은 『유마경』 강의를 재미있고 감명 깊게 들려주셨지요.

강의를 마치고 헤어지는 인사를 하면서 스님이 이렇게 말씀하셨어요.

"여러분, 내가 머리 깎고 승복을 입었다 해서 이상한 사람으로 보지 말아주세요. 중은 하느님 자식 아닙니까?"

나중에 알았습니다만, 그날 스님의 이 한마디가 젊은 신학생들에게 꽤나 신선한 충격을 안겼던 모양입니다.

이제 글을 마치면서 저도 법륜 스님 흉내를 내어 한 말씀 올리겠습니다.

"여러분, 제가 기독교 목사라는 꼬리표를 달고 다닌다 해서 이상한 사람으로 보지 말아주세요. 목사는 제 중심에 여래를 모신 범부중생 아닙니까?"

이 글은 공주 동학사에서 펴내는 『동학東鶴』(102호)에 실린 것입니다.

예수의
두 얼굴

사람은 누구나 얼굴이 둘 있습니다. 하나는 눈에 보이거나 손에 만져지지 않는 얼굴이고, 다른 하나는 보이지도 않고 만져지지도 않는 얼굴입니다. 사람들은 대개 눈으로 보고 손으로 만질 수 있는 얼굴만 얼굴이라고 생각하지요. 그러나 실상實相은 오히려 보이지 않는 얼굴에 있습니다. 보이는 얼굴은 보이지 않는 얼굴의 그림자일 뿐이에요. 이 진실을 잘 보여주고 가르치신 분이 예수십니다.

누구나 그렇듯이 예수도 두 얼굴을 지닌 사람이었습니다. 몸이 둘이니 얼굴도 둘일 수밖에요. 하나는 '나자렛 사람 예수'라 불리는 몸의, 눈에 보이는 얼굴이었고 다른 하나는 당신 입으로 말씀하신 바, "아브라함보다 먼저 있는" 몸의, 눈에 보이지 않는 얼굴이었습니다. 이 두 얼굴 가운데 어느 얼굴이 실물이고 어느 얼굴이 그림자인가? 물어볼 것도 없이, 뒤의 얼굴이 실물이지요. 앞의 얼굴(나자렛 예수의 얼굴)은 뒤의 얼굴(아브라함보다 먼저 있는 예수의 얼굴)을 비치는 그림자에 지나지 않습니다.

아브라함보다 먼저 있다는 말은 천지창조보다 먼저 있다는 말과 같습니다. 삼위일체 교리를 말할 것 없이, 시간과 공간의 울타리 너머에 계신 영원존재가 어떤 목적을 가지고 33년이라는 짧은 세월 지상에 그 모습을 드러내셨던 것이지요.

예수의 얼굴 흔적이 남아 있는 수의壽衣를 발견했다 하여 화제가 된 일이 있었습니다. 그것이 진짜인지 아닌지를 최첨단 과학기술로 밝혀본다는 얘기까지 들은 기억이 나는데 결과가 어찌 되었는지는 모르겠네요. 사실 처음부터 별로 관심이 없었습니다. 그것이 진짜든 가짜든, 결국 그림자의 그림자로 그림자들이 수선을 피우는 것에 지나지 않다고 보았기 때문이지요. 그보다는 한 화가의 붓끝에서 고백적으로 살아나는 예수의 얼굴이 더 실상에 가까울 수 있는 것입니다.

오늘, 나자렛 예수의 얼굴을 눈으로 보는 사람은 이 땅에 없습니다. 한때 그 얼굴을 보고 만지고 하던 제자들의 얼굴도 모두 사라졌어요. 우리가 지금 눈으로 보고 손으로 만져볼 수 있는 예수의 얼굴이란 모두가 예술가들의 마음이 작용하여 만들어낸 그림이나 조상彫像일 뿐입니다. 그러니 그 가운데 하나를 가리켜 저것이 예수의 진짜 얼굴이라고 말한다는 건 터무니없는 노릇이지요. 동양 사람으로서 앵글로색슨이나 흑인의 얼굴로 그려진 예수한테 호감이 가지 않는 건 이해되지만, 그렇다고 해서 운보雲甫 화백이 그린 갓 쓰고 두루마기 입은 예수가 진짜 예수라고 말한다면 역시 억지가 아닐 수 없습니다.

나자렛 사람 예수는 왜 지상에 그 모습을 나타내었던 걸까요? 그 얼굴로 도대체 무엇을 보여주려고 했던 것일까요?

낡은 앨범을 펼쳐놓고 내 어렸을 적 모습을 들여다봅니다. 중학생 시절, 구겨진 학생 모자를 쓰고 먼 산을 바라보며 처마 아래 서 있는 옆얼굴이군요. 눈매가 날카롭고 입술을 반쯤 벌였습니다. 그 사진은 그때 저렇게 박힌 뒤로 지금까지 퇴색은 되었지만 조금도 바뀌지 않았습니다. 앞으로도 바뀌지 않을 거예요. 눈매가 부드러워지거나 구겨진 학생 모자를 벗거나 고개를 숙이지 않을 것이라는 얘깁니다. 사진은 그럴 수가 없어요. 살아 있는 실물이 아니기 때문입니다.

그렇다면, 지금 사진을 들여다보고 있는 내 얼굴과 사진 속 내 얼굴은 어떻게 다를까요? 사진 속에서 먼 산을 바라보고 있는 중학생 이 아무개의 얼굴과, 그 사진을 들여다보고 있는 중늙은이 이 아무개의 얼굴은 과연 다른 것입니까? 모양이야 다르게 보이지만, 그것이 눈에 보이지 않고 손에 잡히지 않는 이 아무개의 얼굴을 순간 포착으로 드러낸 것이라는 점에서는 조금도 다른 얼굴이 아닙니다.

그림자는 실물을 가리킵니다. 그림자를 밟지 않고서는 누구도 실물에 닿을 수 없지요. 그러나 그림자는 그림자일 뿐입니다. 그림자에 눈길이 머물러 있는 한 실물을 볼 수 없는 이유가 여기에 있어요.

"나를 보았으면 아버지를 본 것이다. 내가 그동안 너희와 함께 있은 지 오랜데 어찌하여 내게 아버지를 보여 달라고 하느냐?"

하느님을 보여 달라는 제자에게 예수는 이렇게 말씀하셨습니다.

그분은 우리에게 하느님 아버지를 보여주고자, 우리와 똑같은 얼굴을 가지고 세상에 오셨습니다. 만일 누가 예수를 보면서 하느님 아버지를 보지 못한다면 그는 아직 예수를 보지 못한 것입니다.

거울에 비쳐 보이는 내 얼굴을 통해서 영원한 내 얼굴을 보지 못한다면, 저 벽에 걸려 있는 루오^{Georges Rouault}의 예수 얼굴을 통해서 내가 볼 수 있는 것은 아무것도 없습니다.

지구별 종합병원

　이 세상이 건강한 사람들만 사는 곳은 분명 아닙니다. 아니, 오히려 병든 사람이 건강한 사람보다 훨씬 많은 곳이 우리가 사는 세상입니다.
　어쩌면 이곳은 우주의 종합병원인지도 모르겠어요. 왜냐하면 태어나는 생명들마다 병든 몸으로 태어나니까요. 태어나는 순간부터 죽기 시작한다는 사실이 이를 입증하고 있잖아요? 사람이든 나무든 짐승이든 완벽하게 건강하다면 왜 죽습니까? 죽어가는 몸으로 태어났다는 것 자체가 그 몸에 병이 들었다는 증거지요.
　그러니까, 누가 이 세상에 태어났다는 말은 그가 이곳 지구별 종합병원에 입원했다는 말이 되는 겁니다. 따라서 누가 죽었다는 말은 그가 지구별 종합병원에서 퇴원했다는 말이 되겠네요. 병을 고쳐서 건강한 몸으로 퇴원하는 사람은 환하게 웃으며 죽을 것이고, 끝내 병을 고치지 못하고 시체가 되어서 퇴원하는 사람은 잔뜩 찌푸린 얼굴로 괴로워하며 죽겠지요?

만일 어떤 사람이 자기 육신을 자기 자신으로 아는 고질적인 '착각의 병'에서 치유되지 못했다면, 결국 그는 이곳 지구별 종합병원을 정문이 아니라 영안실을 통해서 떠나게 될 것입니다. 어떤 육신도 시체로 바뀌지 않을 수 없으니까요.

병들었다는 게 뭘까요? 본디 하느님이 지어주신 완벽한 균형과 조화를 잃어버린 것 아닙니까? 따라서 건강을 회복한다는 것은 본디 자기 자신으로 돌아가 완벽한 균형과 조화를 되찾는 것이겠지요.

오늘 아침, 잠에서 깨어나는데, 선생님이 말씀하십니다.
"너도 남도 다른 무엇으로 바꾸려 하지 마라. 다만, 본디의 너로 돌아가기를 힘쓰고, 남들도 그럴 수 있도록 조심스럽게 도와라. 너에게 '은퇴'는 없다. 수레가 앞으로 나아가는데 바퀴가 구르지 않을 수 있느냐? 하늘의 별들이 운행을 멈추지 않거늘, 네가 어디로 들어가 숨으며 무슨 수로 일을 그만둘 것이냐?"

제 입이 절로 "아멘!" 하더군요.

세례자 요한이 제자들을 보내어, 당신이 그리스도냐고 물었을 때 예수님은 이렇게 대답하셨지요. "너희가 보고 들은 대로 요한에게 가서 알려라. 소경이 보게 되고 절름발이가 제대로 걸으며 나병환자가 깨끗해지고 귀머거리가 들으며 죽은 사람이 살아나고 가난한 사람이 복음을 듣는다" (루가, 7: 22).

아, 무슨 말을 더하겠습니까?

무슨 병이든 고치지 못할 병이 없는 신의神醫가 원장으로 있는 병원에 입원한 몸인데 내가 무엇을 또 걱정하겠습니까? 오로지 원장 선생님의 처방과 지시에 따라, 먹으라면 먹고 굶으라면 굶고 서라면 서고 누우라면 눕고, 병든 몸이라서 그게 시키는 대로 잘 되지는 않겠지만, 그러면 그런 대로 되는 데까지 하다보면 어느새 완벽한 건강을 회복하여 웃는 얼굴로, 그동안 도와준 의사 선생님과 간호사들과 삼라만상에 감사하며 퇴원할 날이 오겠지요. 생각만 해도 가슴이 두근거리네요.

제가 누구하고도 싸우지 않겠다는 각오를 스스로 다지는 것은, 제 병이 거의 나아서 회복 단계에 접어들었다는 신호인 줄 압니다. 다만 고맙고 고마울 따름입니다.

아직 완전한 건강을 회복한 것은 물론 아닙니다만, 사실은 아직도 가야 할 길이 멀지만, 그런대로 이제는 병든 세상을 치유하시는 그분의 일을 성심껏 도와드려야겠다는 생각입니다. 병원에서 퇴원을 앞둔 환자들이 병세가 심한 환자들을, 의사 지시에 따라서, 도와주듯이.

엊그제 예배 시간에 은퇴하고 싶다는 말을 했는데, 그러고 싶은 제 마음은 여전합니다만 그러나 그건 어디까지나 제 마음이고, 여기는 종합병원인데다가 원장 선생님이 "은퇴는 없다!"고 말씀하시니, 어쩌겠어요? 죽는 순간까지, 아니, 퇴원하는 그날까지 저에게 주어진 일을 하는 수밖에.

사랑이란

못하는 일이 없는 사람이 있다 칩시다.
그대를 잡아다가 종으로 부릴 수도 있고
하루아침에 거지로 만들 수도 있고
그대 목숨까지도 빼앗을 수 있습니다.
물론 그대가 원하는 것을 채워줄 수도 있지요.
호화주택을 사줄 수도 있고
고급 승용차를 뽑아줄 수도 있고
영원히 안 죽게 할 수도 있습니다.
그는 뭐든지 다 할 수 있으니까요.

하지만, 그런 그가 그대에게 할 수 없는 일,
그대에게 줄 수도 없고 그대한테서 빼앗을 수도 없고

그대로 하여금, 하게 할 수도 없고
하지 못하게 할 수도 없는, 그런 일이 하나 있지요.
그가 아무리 전지전능이라 하여도
그대로 하여금 자기를 사랑하게 할 수는 없습니다.
사랑이란 그런 거예요.
성 요한이, 하느님은 사랑이시라고, 그렇게 말할 만합니다.
아무도, 하느님조차도, 그대한테서 빼앗아가거나
억지로 하게 만들 수 없는, 그것이 사랑입니다.

사랑은 누구에게 강요당하지도 않거니와 누구를 강요하지도 않습니다.
그대가 누구에게 무엇을, 그게 아무리 좋은 것이라 해도, 강요한다면
그대는 아직 그를 사랑하지 않거나 사랑할 줄 모르는 것입니다.

빛이신 하느님

아무도 육안으로는 빛을 보지 못합니다. 빛은 너무 작고 너무 빨라서 사람 눈에 포착되지를 않습니다. 투명체가 아니라서 빛을 통과시키지 못하는 우리로 말미암아 생긴 어둠 때문에 빛이 있는 것은 분명히 알 수 있지만, 그 실체가 도무지 경험되지 않는 거예요. 그래서들 하느님을 가리켜 빛이라고 하는 모양입니다.

그래요. 내가 지금 무엇을 본다는 것은 내가 지금 빛 속에 있다는 얘깁니다. 내가 어디를 가고 무엇을 한다는 것은 그 '나'와 '어디'와 '무엇'이 하나인 빛 속에 있어서 가능한 거예요. 이 세상에 존재하는 모든 것이 빛에서 나와 빛 가운데 있다가 빛으로 돌아가는 빛의 가면들입니다.

어디를 가든지, 누구를 만나서 무엇을 하든지, 그 모든 일을 가능케 하는 빛의 존재를 먼저 의식하고 몸과 마음과 뜻을 그리로 모으면서 주어진 일을 감당하는 것이 저의 일과이기를 오늘도 빌어봅니다. 그것이 하느님 나라와 그분의 뜻을 '먼저' 구하라는 스승님의 가르침에 부합되는 길일 테니까요.

어리석은 바보짓은 이제 그만!

지금 내 앞에 있는 그대여,
하느님이 그대를 내 앞에 세우신 뜻은
그대에 비친 내 모습 들여다보라는 것인데,
들여다보고 고칠 데 있으면 고치고
닦을 데 있으면 닦으라는 것인데,
그런데 얼마나 어리석은가?
거울에 비친 제 모습은 볼 생각도 아니 하고
도리어 거울 향해 시비를 걸고 있는 나여!
그러다가 돌을 던지기도 하고
화를 내며 돌아서기까지 하는 나여!

이제 그만!

어리석은 바보짓은 이제 그만!

지금 내 앞에 있는 그대여,
이제부터는
그대를 보는 대신
그대 보는 나를 보리라.
그대 판단하는 나를 판단하고
그대 사랑하는 나를 사랑하리라.

그리하여 마침내
거울로 된 이 세상 떠나는 날,
맨얼굴로 나를 만나 끌어안으리라.

바라건대, 이 몸이 죽기 전에 그날이 오기를!

투명한 안경처럼

한때, 안경처럼 맑고 투명한 사람이 되고 싶다는 생각을 한 적이 있습니다. 안경의 생명은 그 맑고 투명함에 있지요. 저 자신은 없는 듯 있으면서 사물을 분명히 드러내 보여주는 데 안경의 존재 이유와 가치가 있는 겁니다. 안경에 때가 묻어서 사물과 눈동자 사이에 조금이라도 걸림이 되면 그만큼 가치는 떨어지지요.

어떻게 하면 나도 안경처럼 맑고 투명하여 있는 듯 없고 없는 듯 있는 사람으로 살 수 있을까, 그런 생각을 하면서 하루는 안경을 닦다가 깜짝 놀랐어요. 안경을 안경이 닦는 게 아니라 내가 닦고 있는 거예요! 지금 내 손에 들려 있는 안경이 안경의 것이 아니라 내 것이고 그래서 주인인 내가 나를 위하여 내 안경을 닦고 있더란 말입니다.

아하! 안경이 안경을 닦는 게 아니라 내가 안경을 닦는구나. 마찬가지로, 내가 나를 닦는 게 아니라 내 주인이 나를 닦는 거로구나! 그동안 스스로 아무리 애를 써도 나를 깨끗하게 할 수 없었던 이유가 선명해졌습니다.

그 뒤로 많이 자유로워진 느낌입니다. 적어도 내가 나를 깨끗한 존재로 만들어야 한다는 책임감에서만큼은 벗어날 수 있었으니까요. 하지만 선생님은 곧 내게 일러주셨지요.

"착각하지 마라. 넌 안경이 아니다. 안경은 완벽하게 죽은 물건이지만 너는 살아서 움직이는 생물 아니냐? 내가 너를 깨끗하게 하려면 네 도움이 반드시 있어야 한다. 내가 너를 티끌만큼도 강제할 수 없기 때문이다. 네가 물에 들어오지 않는데 무슨 수로 물이 너를 닦아준단 말이냐? 명심해라. 내가 겟쎄마니에서 온전히 나를 아버지께 내어드렸듯이, 네가 너를 나에게 온전히 내어줄 때에 비로소 너는 맑고 투명한 사람으로 닦여질 것이다."

망설이지 않고 주님께 말씀드렸습니다.

"제가 저를 당신께 내어드린 것이 하마 오래전 일 아닙니까?"

그분이 이러시더군요.

"말로만?"

더 드릴 말씀이 없었습니다!

그래요. 아직도 나는 말로만, 생각으로만, 나를 주님께 내어드린 상태입니다. 그래서 그분이 정작 나를 깨끗하게 닦아주려고 하실 때마다 이리 피하고 저리 피하며 미꾸리처럼 달아나는 거예요. 여기가 내 현주소입니다. 하지만 여기는 내가 머물러 있을 곳이 아닙니다. 나는 계속 걸어야 해요.

스승님이 당신을 아버지께 온전히 맡기고 나서 당신 몸에 닥치는 모든 상황을 거절하거나 피하지 않고 받아들이되, 기계적인 반응이 아니라 순간순간 깨어 있는 가운데 창조적인 화和의 길을 걸으셨듯이, 나 또한 그렇게 남은 생을 걸어야 합니다.

이제, 안경처럼 맑고 투명한 사람이 되고 싶은 마음을 내려놓아도 될 것 같습니다.

아침이 밝았네요. 간밤의 어둠이 가져다 준 선물입니다.

예수의 급진주의

"네 이웃을 사랑하고 원수를 미워하라는 말을 너희는 들었다. 그러나 나는 말한다. 원수를 사랑하고 너희를 박해하는 사람들을 위하여 기도하라."

아마도 이 말씀은 현대인에게 가장 많이 알려졌으면서 가장 낯선 예수의 가르침일 것입니다. 그분이 다녀가신 지 2천 년이나 세월이 흐른 지금도 그럴진대, 당시 사람들에게 이 말씀이 얼마나 급진적이며 혁명적이었겠습니까? 도대체 무슨 말인지 그 뜻을 알아듣지도 못했을 거예요.

선생의 가르침이 너무 어렵다면서 많은 제자가 예수를 떠났다는 기록이 있던데, 과연 그러고도 남았을 것입니다.

하지만, 아무리 어렵게 생각되더라도 스승의 가르침이면 그대로 하는 것이 제자의 길입니다. 그분이 그렇게 하라고 하신 것은, 그래야 하기 때문이기도 하지만, 그렇게 할 수 있기 때문입니다. 할 수 없는 일을 하라고 하셨다면 잘못 말씀하신 것이지요.

원수를 사랑하고 박해하는 자를 위하여 기도하는 것이 어려운 일이긴 하겠지만, 결코 불가능한 일은 아닙니다. 하면 되는 거예요. 문제는, 해보지도 않았는데 미리 안 된다고, 안 될 것이라고, 우리에게 최면을 거는 우리의 '에고'입니다. 녀석은 본디 그런 녀석이지요. 그래야 제가 하느님과(만물과) 동떨어진 존재라는 착각을 먹고사는 저를 지켜낼 수 있을 테니까요.

이제 더 이상 녀석의 꾐에 넘어가지 맙시다. 오직 선생님의 가르침만 믿고, 허공에 한 발짝 내딛는 심정으로, 원수가 있으면 그에게 "사랑한다" 말해주고, 나를 못살게 구는 사람이 있으면 그를 위해서 기도해보는 겁니다.

다만, 원수를 찾아가서 대놓고 "너를 사랑한다"고 말하면 그 말이 상대에게 역효과를 줄 수 있고, 박해하는 자가 듣는 데서 그를 위해 기도하면 오히려 성을 낼 수 있으니까, 그렇게는 하지 않는 게 좋겠습니다. 중요한 것은 원수와 박해자가 아니라, 그를 상대해야 하는 나와 내 중심이니까요.

우리가 예수의 이 가르침을 액면 그대로 따르지 않는 한, 아니, 그대로 해보려고 노력하지 않는 한, 우리는 아직 그리스도인이 아닌 것입니다.

용기를 내어 그렇게 시도할 때 하늘은 빈틈없이 도우실 것이요, 비로소 우리는 예수의 급진주의(radicalism)로 세상을 이끌어가는 시대적 선구자 대열에 동참할 수 있을 것입니다.

너답게 살라고?

"너는 너다. 누구 다른 사람처럼 살려 하지 말고 너답게 살아라."

이런 말 많이 들어보셨지요? 저도 이런 말 많이 했어요. 아마 앞으로도 하게 될 겁니다.

하지만, 존경하는 누구를 본받아 그이처럼 살려고 애쓰는 데 인생의 보람과 가치가 있는 것 아닐까요? 그래서 바울로 선생도 "내가 그리스도를 본받은 것처럼 너희는 나를 본받으라"고 말씀하신 것 아니겠어요?

그러니, 너답게 살라는 말과 누구를 본받아 살라는 말을 함께해야 하는데, 이게 꼭 일구이언처럼 들린단 말입니다. 일구이언처럼 들리는 게 아니라 일구이언이죠, 뭐. 이 문제를 푸는 열쇠는, 상반되는 듯한 이 두 마디 말을, 이쪽 아니면 저쪽인 일구이언이 아니라, 이쪽이면서 저쪽인 일구이언으로 삼는 데 있다고 봅니다.

어떻게 하면, 나는 나니까 나답게 살면서 동시에 내가 존경하는 누구처럼 살 수 있을까요? 저는 그 비결을 "본받다"는 말에서 찾습니다.

본本은, 나무로 말하면 뿌리처럼, 거죽으로 드러나지 않으면서 드러나 보이는 부분들(줄기, 가지, 잎, 꽃 따위)을 있게 하는 무엇입니다.

그러니 내가 예수를 본받는다는 것은 그분의 드러난 모습이나 행적을 그대로 따라서 한다는 말이 아니라, 그분으로 하여금 그런 모습으로 그렇게 사시도록 한 감추어져 있는 무엇을 가지고 그것으로 살아간다는 말이지요. 내가 바울로 선생을 본받으려면 그분처럼 떠돌아다니며 복음을 전할 게 아니라, 그로 하여금 그렇게 살도록 한 무엇을 찾아서 그것으로 살고자 애쓸 일입니다.

사실, "너답게 살라"고 말합니다만, 자기답게 살지 않는 사람이 어디 있습니까? 사람은 누구나 저 생긴 대로 사는 거예요. 저 생긴 대로 살지 않을 무슨 방도가 없잖습니까?

그러니 "너답게 살라"는 말은 사실 안 해도 되는 말입니다. 그런데도 그런 말을 하는 이유는, 누구를 본받아 살겠다면서 그의 행적과 외모를 그대로 흉내 내려는 헛된 노력을 하는 사람들이 있기 때문이에요. 그러지 말고, 이왕 누구를 본받으려면 제대로 본本받으라는 뜻에서 그런 말을 하는 거지요.

오늘도 저는 저답게 제 방식으로 스승 예수를 본받아 살아보겠습니다. 아마도 저와 똑같은 모양으로 예수를 본받는 사람은 저밖에 없을 거예요.

결국

사람들은 자주 이성을 잃고 억지스럽고 자기-중심적이다.
그래도 용서하라.
네가 친절하면, 무슨 꿍꿍이속이 있어서 저런다고 비난할 것이다.
그래도 친절하여라.
네가 성공하면, 가짜 친구들과 진짜 적들을 얻게 될 것이다.
그래도 성공하라.
네가 정직하고 솔직하면, 사람들이 너를 속일 것이다.
그래도 정직하고 솔직하여라.
네가 수년씩 걸려 세운 건물을 누군가 하룻밤에 무너뜨릴 것이다.
그래도 세워라.
네가 안정을 찾아 행복을 누리면 사람들이 시새울 것이다.
그래도 행복하여라.

네가 오늘 한 선행을 사람들은 내일 아침에 잊을 것이다.
그래도 선행하라.
네가 너에게 있는 가장 좋은 것을 주어도, 세상은 그것으로 만족하지 않을 것이다.
그래도 너에게 있는 가장 좋은 것을 주어라.

너도 알게 되려니와 결국,
모든 것이 너와 하느님 사이의 일이지, 너와 그들 사이의 일은 아닌 것이다.

이상은 켄트 키스Kent M. Keith 교수의 「결국(The Final Analysis)」이라는 짧은 글입니다.
장미가 장미향을 뿜는 것은 사람들이 장미향을 좋아해서가 아니라 장미니까 그러는 것처럼, 선행이든 용서든 정직하게 사는 일이든, 그것에 대한 사람들의 반응에 휘둘리지 말고, 그냥 그렇게 하라는 거예요. 남에게 가장 좋은 것을 주는 일도 남을 위해서 하지 말고 너 자신을 위해서 하라는 겁니다. 그렇게 하는 것이 너와 하느님 사이의 관계를 더욱 돈독하게 해주고, 그것이야말로 너를 위해서 더없이 소중한 일이니, 다만 그로써 만족할 따름이라는 얘기지요.

내가 누구에게 못된 짓을 했으면 사실은 그를 지으신 하느님께 못된 짓을 한 겁니다. 반면에 내가 누구에게 선행을 했으면 그것은 곧 하느님께 선행을 한 것이지요. 하느님은 거울처럼 당신이 받으신 것을 고스란히 되돌려주는 분이신지라, 내가 누구에게 한 짓은, 하느님에 의하여, 그대로 나에게 한 짓이 되는 겁니다.

그러니 어쩌란 말이냐고요? 그러니 무슨 짓을 하든 알아서 하라는 거겠지요, 뭐.

오직 기도가
있을 따름

　나는 아버지, 어머니, 남편 그리고 다른 식구들과 함께 살고 있습니다. 이 몸으로 남편을 섬기니까, 아내라 부를 수 있겠지요. 식구들을 위해서 요리를 하고 설거지도 하니까, 식모라고 부를 수도 있을 것입니다. 그밖에 청소도 하고 빨래도 하고 다른 여러 가지 잡다한 일을 하고 있으니, 하인이라고 불러도 되겠네요. 그러나 당신이 만일 다른 관점에서 본다면 내가 이 몸으로 오직 하느님만 섬기고 있음을 아실 것입니다. 왜냐하면, 이 몸으로 아버지 어머니 남편 그리고 다른 식구들을 섬길 때 그들을 전능하신 하느님의 다른 모습으로 여기고 그렇게 섬기니까요. 밥상을 차릴 때 나는 하느님께 올리는 제상 차리듯이 차립니다. 요리된 음식이 사실은 하느님을 의미하거든요. 무슨 일이든지 하느님 섬기는 마음으로 나는 그 일을 합니다. 모든 대상을 하느님으로 섬기고, 모든 일을 하느님을 위해서 하는 것이 나의 유일한 이상理想이에요.

이 글은 스리 아난다마야 마 Sri Anandamaya Ma의 고백입니다. 로저 월쉬의 책『영성의 본질』에서 읽었어요.

그렇습니다. 내가 그렇게 생각하고 그렇게 행동하면 다른 사람한테는 몰라도 나한테는 그게 그런 거예요. 그런 뜻에서 자기 인생 자기가 만든다는 말이 옳습니다.

문제는 그렇게 생각하고 그렇게 행동하고 싶은데, 그런데 그게 잘 되지를 않는다는 겁니다. 하지만 그건 진짜 문제가 아니지요. 진짜 문제는, 자기 힘만으로 어떻게 해볼 수 있다는 착각에 빠져, 필요한 도움을 주고자 만반의 준비를 하고 기다리시는 그분께 손을 내밀 줄 모르는 우리의 어리석음 또는 고집스러움에 있습니다.

하느님의 도움을 받지 않고서, 누가 무슨 수로 모든 대상을 하느님으로 섬기며 살겠습니까?

그런즉 우리에게는 하나도 기도, 둘도 기도, 셋도 기도, 오직 기도가 있을 따름입니다.

머리 둘 곳 없는 예수

　선생님 가시는 곳이면 어디든지 따라 가겠다는 제자 지망생에게 예수님은 "여우도 굴이 있고 새도 둥지가 있지만 나는 머리 둘 곳이 없다(루가, 9: 58)"고 대답하십니다.
　무슨 뜻으로 하신 말씀일까요? 단순히, 나는 집 한 칸 없는 거리의 노숙자 신세인데, 내가 그런 사람이라도 좋거든 따라오라고, 그렇게 말씀하신 걸까요? 그런 뜻이었다면 좀 비참한 이야기로 끝나고 말겠지요. 저는 세상에 노숙자가 모자라서 멀쩡한 집이 있는 사람들을 불러내어 나와 함께 노숙을 하자고 초대하는, 예수님이 그런 분이라고는 생각되지 않습니다.
　예수님의 이 말씀은 어떤 사람이 "선생님 가시는 곳이면 어디든지 따라 가겠다"고 했을 때 그에게 대답으로 주신 것이었어요. 그러니까 "어디든지" 따라 가겠다는 사람에게, 나한테는 정해두고 가야 할 '어디'가 따로 없다는 말씀을 하신 겁니다. 정처定處가 없다는 거지요, 말하자면.

그분은 우리와 똑같이 시간과 공간의 제약을 받는 육신과 정신으로 사셨지만, 당신을 가리켜서 "아브라함보다 먼저 있는 사람"이라고 하셨습니다. 그 말씀은 당신이 아브라함보다 나이가 더 많다는 뜻이 아닙니다. 그분에게 아브라함은 까마득한 과거의 선조인데, 당신 선조보다 먼저라는 말은 당신이 시간의 제약에서 벗어난 존재라는 말씀 아니겠습니까?

시간의 제약을 벗어난다는 말은, 시간과 공간이 같은 것의 다른 얼굴이니까, 공간의 제약을 벗어난다는 말과 똑같은 말입니다.

그런 분에게 돌아갈 공간상의 둥지가 없음은 너무도 당연한 일이지요. 그러니 그분 말씀은, 이 세상 어디에도 속하지 않는 존재, 아니 속할 수 없는 존재, 비록 땅에서 하나의 형상으로 살고 있지만 그 형상에 갇히지 않는 존재가 바로 나라는 그런 뜻 아닐까요? 따라서, 네가 내 제자로 사는 길은 내가 가는 곳을 어디든지 따라다니는 데 있지 않고 지금 나와 함께 여기를 사는 데 있다는 말씀이 되는 겁니다. 시공간을 초월한, '곳 아닌 곳'과 '때 아닌 때'를 굳이 일컬어 말하자면, '지금 여기'라고 밖에는 달리 할 말이 없거든요.

거기를 다른 말로 하면 '영원'쯤 되겠는데, 이때 영원은 끝없는 시간이 아니라 시간 자체가 없다는 뜻입니다. "영원토록"이라고 하면서 끝없이 이어지는 시간을 연상하는 것은 명백한 잘못이에요. 오히려 그보다는 '찰나'라는 말이 '영원'의 내용에 더 가깝다 하겠습니다.

저울로 무게를 달아볼 수도 있고, 손으로 만질 수도 있고, 눈으로 볼 수도 있는 이 몸은 무게를 달아볼 수도 없고 만질 수도 없고 보이지도 않는 참나(眞我)의 한 모습, 그것도 찰나 간에 있는 것 같지만 실은 없는 겉모습일 뿐입니다. 노자가 말하는, 이어지고 이어져서 존재하는 것처럼 보이는(綿綿若存), 물物 아닌 물物이지요. 사람들은 대개 자기의 '모습'을 자기 자신으로 알고 삽니다만 예수님은 형체도 이름도 없는 당신, 공간에도 시간에도 갇히지 않는 당신(아브라함보다 먼저인 당신)으로 사셨기에, 당연히 이 땅 위에 머리 둘 곳이 없으셨던 것입니다.

아무래도 그분 제자로 살기 위해서는, 좀더 철저하고 성실하게 '지금 여기'를 살아가는 법에 정진해야 하겠습니다. 그래서 5분 전 사건에서 자유롭고 5분 뒤 일에서 자유롭다면 그만큼 그분 제자답다 하겠지요. 내가 시간과 공간에서 자유로워지는 길은 내 아버지가 태어나기 전의 본디 모습(父母未生前眞面目)으로 살아가는 데 있고, 그러려면 먼저 내 겉모습을 나로 여기는 오랜 착각에서 깨어나야 할 것입니다.

지금은 저의 이 머리로 아는 지식이 제 몸의 세포 한 알 한 알에 스며들어 온몸으로 아는 지식이 되기를 바라며, 친절하신 스승의 가르침을 따라 연습하는 데 전념할 따름입니다. 속된 말로, 환갑 진갑 다 지난 이 나이에, 머리 둘 곳 따로 없어서 아무데나 자기 안방인 그런 사람으로 되기를 바라는 것 말고 다른 무슨 소원을 더 품어보겠습니까?

천당 지옥은 정말 있는가?

일본 무사 하나가 자신을 괴롭히는 문제의 답을 얻을까 하여 선사를 찾아갔다.

"무슨 일로 오셨소?"

"스님, 말씀해주십시오. 천당 지옥이 정말 있습니까?"

"흥!" 선사가 농담 반 조롱 반으로 콧방귀를 뀌었다. "어떻게 감히 자네 같은 무식쟁이 건달이 그런 것을 알 수 있으리라고 생각했더란 말인가? 되지 못한 질문으로 내 시간을 빼앗지 말게."

순간, 무사는 얼어붙었다. 세상에 누구도 일본 사무라이에게 그런 식으로 말할 수는 없는 일이었다. 그것은 곧 죽음을 의미했다.

"무슨 말인지 못 알아들었나? 남의 아까운 시간 축내지 말고 어서 꺼지란 말이야!"

무사는 화가 폭발했다. 번개처럼 칼을 뽑아 선사의 머리를 겨누었다. 그런데, 칼이 선사 머리에 닿으려는 찰나, 한 소리가 들려왔다.

"지옥문이 열렸군."

다시, 무사는 얼어붙었다. 자기의 분노가 공격받는 상대와 함께 자기에게도 지옥문을 활짝 여는 게 보였던 것이다. 그리고 지금 선사는 그것을 분명히 가르쳐주고자 목숨이 위태롭게 되는 것을 감수하고 있지 않는가?

심호흡을 하면서 무사는 천천히 칼을 거두고, 존경하는 마음으로 깊숙이 허리 굽혀 절을 했다.

선사가 웃으면서 말했다.

"천당문이 열렸군."

이상은 로저 월쉬의 책 『영성의 본질』에서 읽은 이야기입니다. "모든 것을 마음이 만든다(一切唯心造)"는 말이 있지요. 천당이니 지옥이니 하는데 그것들이라고 예외겠습니까?

문제는 역시 자기 마음을 스스로 다스려, 모든 상황에서 지옥 대신 천당을 만들고 그리로 들어가는 길을 깨치는 데 있다 하겠습니다.

문제와 해답이 모두 여기(내 가슴을 치는 소리, 툭툭)에 있거늘 어디 다른 바깥을 두리번거린단 말인가!

억!

내 눈이 보는 게 아니다.
내가 내 눈으로 보는 것이다.

내 귀가 듣는 게 아니다.
내가 내 귀로 듣는 것이다.

그렇다.

내가 사는 게 아니다.
내가 나로 사는 것이다.

위의 마지막 줄에 '나'가 둘 등장합니다. 이 두 나(二吾)는, 내 귀와 내가 떨어질 수 없는 사이이듯이, 불이不二입니다. 아울러, 내 귀가 곧 나는 아니듯이, 비일非一이지요. 둘이면서 하나요, 둘도 아니면서 하나도 아닌, 이상한 두 나(二吾)가 바로 저올시다.

"내가 나로 사는 것이다."
구분하기 좋게, 이 문장의 먼저 나를 '나'로 표기하고 나중 나를 [나]로 표기합시다.
저한테서 '나'와 [나]가 조화를 이루면 더 이상 좋을 수 없을 것이고 반대로 불화를 이루면 더 이상 나쁠 수 없겠지요. 인생의 선善과 악惡이 여기에서 비롯되는 것이니까요.
[나]가 '나'를 거스르는 자리에 아담이 있고, [나]가 '나'를 따르는 곳에 예수가 있습니다.

지금 제 속에는 아담과 예수가 함께 있습니다. 제 속에 [나]를 따르는 '나'와 '나'를 거스르는 [나]가 함께 있다는 말이에요. 그리스도교 방식으로 표현하면, 제가 무슨 짓을 하든지 그대로 따라주시는 하느님과 틈만 나면 하느님의 뜻을 어기는 제가 함께 있다는 말입니다.
저에게 조금이라도 악惡(좋지 아니함)이 있다면 그것은 제 속의 [나] 때문이요, 저에게 조금이라도 선善(좋음)이 있다면 그것은 제 속의 '나' 때문입니다. 그러므로 제가 저의 인생을 좋게 하려면 저의 [나]를 저의 '나'에게 복종시키는 길밖에 다른 길이 없습니다. 그리고 그것은 천상천하에 오직 저 홀로 결단하고 저 홀로 실천할 수 있는 일입니다. 아무도 그 일을 대신해줄 수 없어요.

게쎄마니 동산의 예수가 그 과정을 여실하게 보여주고 있지요. "아버지, 제 뜻대로 마시고 아버지 뜻대로 하십시오." 이 한마디 하신 다음, 그분은 아무 일도 스스로 도모하지 않았고, 아무 일도 거스르거나 피하지 않았습니다. 완벽한 무위無爲에 드신 것입니다. 죽어서 산다는 말이 바로 이 말이겠지요.

아아, 모두 헛된 말이올시다.
여기까지 이 글을 써온 것이 저의 '나'입니까? [나]입니까?
"내가 나로 사는 것이다."
이 말을 거듭 자세히 살펴보니, 처음부터 [나]는 없고 오직 '나'만이 있을 뿐입니다. 억!

그리스도인을
벗고 싶은 그리스도인

여기 누가 청자 항아리를 상 위에 올려놓았습니다.
지나가는 사람에게 묻습니다.
"이게 무엇이오!"
행인 A가 항아리를 자세히 살펴보고 나서 대답합니다.
"청자 항아리군! 꽤 오래된 골동품이야. 값도 제법 나가겠는 걸?"
행인 B가 항아리 마개를 열어 속을 들여다보고 냄새도 맡아보고 그 안에 담겨 있는 것을 맛도 보고 하더니, 대답합니다.
"술이 담겨 있는 청자 항아리오."

성 바울로가 바로 행인 B입니다. 그는 사람을 겉으로만 보고, "저 사람 바리사이파군!" 또는 "저 여인 창녀야!" 또는 "저 남자 먹기를 탐하고 놀기 좋아하는 목수 아들이지"라고 말하는 행인 A와 달랐어요. 그는 사람을 겉모습으로만 보지 않고 그 깊은 속을 들여다보았습니다. 그리고 거기서 놀랍게도 하느님의 영을 보았지요. 그래서 그는 말합니다.

"사람은 그 안에 하느님의 영이 있는 거룩한 집이다."

그의 눈에는, 사람에 따라서 안에 계시는 하느님이 주인으로 모심을 받는 경우와 두터운 에고의 감옥에 감금되어 있는 경우가 있긴 하지만, 모든 사람이 걸어 다니는 집으로 보였고 그 집 안에는 하느님의 영이 있었습니다.

바울로는 우리에게 자기를 닮으라고 합니다. 자기가 사람을 보듯이 사람을 보고, 자기가 하느님을 모시듯이 하느님을 모시라는 거예요.

그의 권면을 받아들여, 자기 속에 하느님을 가두어놓는 에고이스트에서, 하느님을 주인으로 모시고 무슨 일을 해도 그분의 뜻에 순종하는 사람으로 바뀌기를 소원하고 그 길을 걸어가는 사람이 그리스도인이라 하겠습니다. 우리가 '그리스도인'이라는 이름으로 살고자 한다면, 하느님을 제 속에 감금하여 매사에 그분을 소외시키는 에고이스트에서 오직 그분 뜻에 순종하는 자로 안팎이 거듭나야 합니다.

그러기에 우리가 먼저 해야 할 일은 오랫동안 하느님을 가두어놓았던 에고의 두터운 장벽을 깨뜨리고 우리의 일거수일투족이 그분의 뜻에 대한 순종이기를 소원하며, 더 이상 내 생각과 내 뜻을 고집하지 않는 것입니다. 예수님이 우리에게 제자의 첫째 임무로 '자기 부정'을 명령한 이유가 바로 여기에 있습니다. 그리하여, 우리가 만일 무슨 일을 하든지 주님의 뜻을 먼저 헤아리고 그분이 주시는 능력을 힘입어서 그 일을 한다면 거의 완성된 그리스도인이라 하겠습니다. 하지만, 거기가 우리의 종점은 아니에요.

예수님이 우리를 '완전한 그리스도인'으로 만들고자 세상에 오신 분은 아니기 때문입니다.

제3의 행인 C가 행인 B처럼 항아리를 안팎으로 조사하더니, 이렇게 대답합니다.

"이건 청자 항아리에 담긴 술이오."

예수님이 바로 행인 C올시다. 그분은 사람을, 하느님의 영을 모신 집으로 보는 차원에서 한걸음 나아가 사람이라는 집에 살고 계시는 하느님의 영으로 보셨어요. 그런 까닭에, 만약 우리 눈에 모든 사람이 하느님의 영을 모신 각양각색의 집으로 보이지 않고, 각양각색의 모습을 한 하느님의 영으로 보인다면, 그렇게만 된다면, 예수님은 더 이상 우리를 제자로 대하지 않고 친구로 또는 형제로 대하시겠지요. 우리에게서는 아울러, 햇병아리의 달걀껍질처럼, '그리스도인'이라는 이름도 떨어져 나갈 것이고요.

네 현주소가 어디냐고 누가 묻는다면, 저는 이렇게 대답하겠습니다.

"나는 지금 그리스도인을 벗고 싶은 그리스도인입니다."

"주님, 제가 당신의 능력을 힘입어서 당신의 뜻을 이루겠습니다."

더 이상 이런 기도를 드리지 않겠습니다. 이제 제가 드릴 기도는, 성 프란체스코처럼,

"주님, 제 몸으로 당신 뜻을 이루소서. 그렇게만 해주신다면 더 무슨 바랄 것이 없겠습니다."

이 한마디 말고 다른 아무것도 없습니다. 여기서 저는 입을 다물어야 합니다.

선택과 버릇

녹슨 건전지나 너무 오래 쓰지 않아서 위축된 근육처럼, 우리의 잠재력 대부분이 한 번도 사용되지 않은 까닭에 무용지물이 되고 만다. 자기한테 선택권이 있다는 사실을 알지 못해서 대부분의 경우 우리는 선택을 제대로 하지 못한다. 그래도 선택 행위는 일상생활에서 우리에게 많은 유익을 준다. 한 가지 선택으로 생활의 사소한 부분들에 변화를 줄 수 있는가 하면 그냥 지금까지와 다르게 선택하는 것 하나로 전체 생활양식을 바꿀 수도 있다. 상황과 사람들에게 좀더 효과적으로 대처하도록 우리 자신을 가르칠 수도 있다. 실제로, 자기가 무엇을 선택하는지 알고 있으면, 그리고 바라는 마음이 충분하게 강하면, 그러면 우리는 우리가 하고 있는 거의 모든 것을 바꿀 수 있다.

이를 위하여 알아야 할 가장 중요한 것은, 주어진 모든 순간마다 자신이 선택하고 있다는 사실이다. 그리고 자기가 한 선택의 결과가 바로 자기 자신이라는 점도 알아야 할 중요한 사실이다. 우리는 살아가는 동안 우리에게 일어나는 일들을 선택할 수는 없다. 그러나 그것들에 어떻게 반응할 것인지는 선택할 수 있다. 우리에게는 곤경을 견디고 장애를 극복할 능력이 주어져 있다. 우리에게는 자유의지가 있고, 무엇을 선택할 자유와 힘이 있다. 그런 까닭에 힘든 상황을 딛고 올라설 수 있는 것이다.

인간은 우연으로 살도록 설계되지 않았다. 우리는 선택으로 살도록 설계되었다.

위는 할 어반Hal Urban의 책 『인생의 위대한 교훈(Life's Greatest Lessons)』에서 읽은 글입니다. 옳은 말이에요. 저도 방금 이 글을 여기 옮겨 소개하기로 선택했으니까요.

제가 상황을 선택할 수는 없지만 그 상황에 어떻게 대처할 것인가는 선택할 수 있습니다. 선택할 수 있을 뿐 아니라 사실은 선택을 해야 합니다. 그런데 대부분의 경우, 제가 선택을 한다기보다는 제 몸에 밴 오랜 버릇이 선택하는 대로 따르고 말지요. 그것은 결국 제가 제 삶을 창조하면서 사는 것이 아니라 저의 굳어진 과거뭉치(習)가 기계처럼 돌아가고 있는 것입니다.

"유혹에 넘어가지 않도록 깨어 기도하라"는 스승의 말씀을 생각합니다. 유혹이라니, 무엇이 유혹일까요? 굳어진 버릇을 되풀이하여 더욱 굳어지게 하는 것이야말로, 갈 길이 먼 우리에게 가장 고약한 유혹이라 하겠습니다. 깨어 있으면, 자기가 지금 가야 할 길을 제대로 가고 있는지 알 것입니다. 버릇에 따라서 움직이는 사람은 잠들어 있는 사람과 같습니다. 자기와 자기 주변에서 무슨 일이 벌어지고 있는지를 모르는 거예요. 깨어 있으면 알 것이고, 알면 유혹에 넘어갈 리 없습니다.

하지만 아직 우리는 너무 힘이 약해서, 무엇을 선택하고 어떻게 실천해야 하는지를 잘 알면서도 그대로 하지 못하는 경우가 참 많습니다. 그래서 스승은 우리에게 기도하라고, 깨어서 기도하라고, 말씀하시는 거예요.

언제 어디서나 깨어 기도하면, 우리는 넉넉히 바른 선택을 하고 그것을 제대로 실천할 수 있을 것입니다.

북 치고
장구 치는
하느님

사람은 누구나 생일이 있습니다. 생일이 언제인지를 모르는 사람은 있을 수 있지만 생일이 없는 사람은 없습니다. 예수님이나 석가모니 부처님이 바로 그런 분들이지요. 아무도 그분들의 정확한 생일을 모릅니다만 그러나 틀림없이 그분들에게도 생일은 있었을 거예요.

아무개의 생일은 아무개가 태어난 날입니다. 옳은 말입니다. 그러나 그날은 아무개 어머니가 아무개를 낳은 날이기도 하지요. '생生'이란 문자에는 난다는 뜻과 함께 낳는다는 뜻이 담겨 있습니다. 그러므로 생일은 (아이가) 태어난 날이면서 (어머니가) 낳은 날인 거예요. 그런데 사람에게는 입이 하나밖에 없는지라 이 두 의미를 동시에 말할 수가 없습니다. 할 수 없이 순서를 정해서 한 의미를 먼저 말하고 다른 의미를 나중에 말해야 하는데, 어느 쪽을 먼저 말해야 할까요? 어머니가 (아이를) 낳은 날? 아니면 아이가 (어머니한테서) 태어난 날?

오래 생각할 것 없어요. 먼저는 어머니가 아이를 낳은 날이고, 아이가 어머니한테서 태어난 날은 그 나중입니다. 아이가 태어나서 어머니가 아이를 낳는 게 아니라, 어머니가 아이를 낳아서 아이가 태어나는 것이니까요.

그런데 우리는 생일을 어떻게 알고 있습니까? 생일에 누구를 축하하지요? 그날을 어머니가 아이를 낳으신 날로 안다면 어머니를 축하해줄 일인데, 과연 그러고들 있나요? 누가 생일의 주인공으로 대접받습니까? 열이면 열, 백이면 백, 그날의 주인공은 낳은 어머니가 아니라 태어난 아이지요. 낳은 어머니는 태어난 아이 그늘에 묻혀서 잘 보이지도 않아요. 실은 그것이 어머니의 운명이요, 자연스런 일이올시다. 나무를 보십시오. 뿌리는 흙에 묻혀 보이지 않고 거기에서 나온 가지와 잎과 꽃들이 사방에 모습을 드러내며 뽐내지 않습니까?

하지만 그렇다고 해서 그날이 아이로 말미암은 날이 아니라 어머니로 말미암은 날이라는 엄연한 진실을 망각해서는 안 됩니다. 그랬다가는 본本과 말末이 뒤집혀서, 뿌리가 드러나고 가지가 묻힌 나무처럼, 제대로 살 수도 없거니와 어찌어찌 산다 해도 모든 것이 힘들고 괴롭기만 할 테니까요.

생일에 그날 태어난 사람을 축하해주는 것은 자연스럽고 옳은 일입니다. 그러나 바로 그날에 산고産苦를 겪으며 그를 낳아준 어머니를 기억하고 감사하며 치하하는 것을 잊어서는 안 될 것입니다.

우리는 너무 오랜 세월 눈에 보이는 것을 위주로 하여 살아왔어요. 그러다보니, 그것들을 있게 하는 '존재의 근거(the Ground of being, 신학자 폴 틸리히가 말하는 '하느님')'를 망각하고 무시하고 나아가 경멸까지 하면서 살게 된 것입니다. 그리고 바로 여기에서 인간 세상의 모든 비극과 고통이 생겨나게 된 거예요.

이제라도 우리는 모든 보이는 것들을 있게 하는 보이지 않는 것을 향하여, 몸과 마음과 뜻과 정성을 기울여야 하겠습니다.

엊그제 어느 교회 예배당 헌당식을 보고 왔어요. 우리가 이 아름다운 성전을 지어 하느님께 바친다고, 그렇게들 말하더군요. 순서도 그렇게 진행되었지요. 저는 혼자서 생각해보았습니다. 정말 저 사람들이 성전을 지어서 하느님께 드리고 있는 걸까? 생각해보니, 그게 아니더군요. 굳이 말한다면, 하느님께서 저들을 통해 예배당을 지으시고, 저들에게 주시려고, 시방 저들을 통해 그것을 받으시는 겁니다. 처음부터 끝까지 하느님 홀로 북 치고 장구 치고 다 하신 거예요. 하지만, 아무리 전능하신 하느님이라 해도 북 없이 장구 없이 어떻게 북 치고 장구 치고 할 수 있겠습니까? 아무리 유능한 어머니라도 뱃속에 없는 아이를 어떻게 낳을 수 있겠어요?

지금 이렇게 종이에 글을 쓰고 있는 건 누굴까요? 그게 아무개라는 이름으로 불리는 이 물건이 아님은 분명합니다. 그건 이름이 있을 수 없는 무엇인데, 굳이 이름을 붙여보라고 하신다면, 저는 그것을 '하느님'이라고 부르겠습니다. 그러니까 하느님이 이 물건으로 시방 이 글을 쓰시는 거예요. 제가 글을 쓰는 게 아닙니다.

하지만, 아이 없이는 아이를 낳을 수 없는 어머니처럼, 하느님도 저 없이는 이 글을 쓰실 수가 없거니와, 다만 저는 그분이 저를 지으시고 저를 통해서 당신의 일을 이루신다는 사실에 성은聖恩이 망극罔極할 따름입니다.

아름다운 집을 지어서 하느님께 바치는 사람들은, 그 집을 지은 것이 자기네가 아니라 하느님이심을 기억하고 하느님이 자기들을 동원하여 당신 집을 지으신 데 대하여 더 없는 영광으로 알고 오직 감사할 일입니다.

하느님이 이 물건으로 무엇을 하신다! 그 무엇이 다름 아닌 '사랑'이다! 이 물건이 더 무엇을 바라고 욕심내겠습니까?

우리 또한
할 수 없이
사랑입니다

　아래 글은 메리 넬슨Mary Nelson이 기록한 『두려움을 넘어 — 돈 미구엘 루이즈의 가르침(Beyond Fear, The Teachings of Don Miguel Ruiz)』에서 옮긴 것입니다. 함께 읽고 싶어 여기 소개합니다.

　우리 함께 기도를 바칩시다. 멀리 있는 사랑이 그립거나 외로울 때 이 기도를 되풀이하면 다시 온전해진 자신을 느끼게 될 것입니다.

　오, 하느님 아버지/어머니
　오늘 우리에게 오시어 우리와 함께하소서.
　당신이 우리 눈과 목소리와 손발로
　당신을 사랑하실 수 있도록
　우리 몸을 당신께 바칩니다.

전자電子 한 알에서 하늘의 별까지,
물질에서 영혼까지,
감정에서 빛의 흐름까지,
모든 방면에서 우리를 도우시어
당신처럼, 조건 없는 사랑으로
모든 것을 사랑하게 하소서.
자신을 심판할 때마다 우리는 죄의식을 느끼고
피할 수 없는 형벌로 고통을 겪습니다.
하오니, 있는 모습 그대로,
자신을 심판하지 않고 사랑할 수 있도록
우리를 도와주소서.
당신처럼, 있는 그대로 모든 것을 받아들이고
당신처럼, 조건 없이 모든 것을 사랑할 수 있도록
우리를 도와주소서.

사랑은 지금도 세상을 바꾸고 있습니다.
사랑이 당신의 진짜 이름이기에
당신의 자녀인 우리 또한 어쩔 수 없이 사랑입니다.
오, 하느님 아버지/어머니, 우리를 도우시어
더도 말고 덜도 말고 당신처럼만 되게 하소서.

이제, 의식을 허파에 모으십시오. 호흡의 쾌감을 느껴봅시다. 들이 쉴 수 있는 만큼 최대한으로 숨을 들이쉽니다. 허파에 숨이 가득 찼을 때 쾌감이 느껴질 것입니다.

그대 허파와 대기(air) 사이의 갈라놓을 수 없는 연결(connection)을 느끼십시오. 숨을 들이쉬고 내쉬는 것 하나만으로도 그대는 충분히 행복한 사람입니다. 그대 허파와 대기의 강한 통교(communion)에서 그대는 언제나 쾌감을 느낄 수 있습니다.

바로 그 통교通交가 사랑입니다. 조물주가 사람을 창조하실 때 그를 위해서 대천사大天使는 사랑이라는 선물을 대기 안에 마련하였습니다.

그대 몸을 이루는 세포 한 알 한 알, 그대 마음에 일어나는 감정 하나 하나, 그대를 드러내는 빛살 한 올 한 올에 깨어 있으면서 숨을 쉴 때, 대천사의 선물인 사랑이 그대 몸과 마음을 가득 채울 것입니다.

가장 좋은 생각이
반드시 옳은 것은
아니다

'익명의 알코올 중독자들 모임(Alcoholics Anonymous)'에 참석한 적이 있었다. 그 자리에는 거의 한평생 술을 마셔온 사람들이 앉아 있었는데, 그들은 사랑하는 가족과 친구들로부터 멀리 떨어져 그곳 갱생 센터에 와 있었다.

모임이 계속되는 동안, 벽에 써 붙여 놓은 문구가 자꾸 내 눈길을 끌었다. "당신의 가장 좋은 생각이 당신을 이리로 데려왔다(Your best thinking got you here)." 참으로 옳은 말이요, 우리 인생의 모든 상황에 들어맞는 말이다. 우리의 '가장 좋은 생각'이 우리를 지금 여기 있게 한 것이다.

인생의 어려운 문제를 만들어내는 것은, 정확하게, 우리의 가장 좋은 생각들이다. 우리가 그것들을 생각하지 않았다면 그것들은 존재하지 않았을 것이다. 우리는 우리의 가장 좋은 생각들이 왜 어떻게 잘못

되었는지를 알아내고 그것을 바꿀 수 있다. 우리에게 필요한 일은 신성한 영靈 또는 하느님께 연결되면 문제들이 치유, 소멸된다는 사실을 깨닫고 우리의 생각을 바꾸는 것이다.

우리가 하느님이라는 이름으로 부르는 힘(power), 꽃을 피우고 별들을 한 치 어긋남 없이 돌게 하는 바로 그 힘이 우리를 존재하게 하였고 우리를 보살핀다. 위기가 닥칠 때 그 힘에 의존하는 법을 배웠으면 좋겠다.

산수 시간에 둘 더하기 둘이 얼마냐고 물으면 당신은 넷이라고 답할 것이다. 그 답은 존재한다. 맞는 답이기 때문이다. 만약에 둘 더하기 둘이 일곱이라고 한다면 그 답은 틀렸다. 따라서 그 답은 존재하지 않는다.

우리는 어떻게 틀린 답을 청산하는가? 아주 간단하다. 고치면 된다. 우리가 그것을 고치는 순간 틀린 답은 저절로 사라진다. 오류(error)가 있는 곳에 진실(truth)을 들여놓으면 오류는 스스로 사라진다.

당신은 인생의 제반 문제들을, 그것들을 공격하거나 좀더 깊이 연구함으로써 없앨 수 없다. 그 대신, 문제들을 빚어낸 당신 생각의 잘못을 고칠 수 있다. 그렇게 하여 일단 문제들의 뿌리를 잘라버리면, 그것들은 더 이상 버티지 못하고 당신 인생에서 영원히 사라질 것이다.

이상은 웨인 다이어Wayne W. Dyer의 책 『모든 문제에는 영적인 해답이 있다(There's A Spiritual Solution To Every Problem)』에서 옮긴 한 대목입니다.

우리의 '가장 좋은 생각들'이 우리를 여기로 데려왔다는 말에는 반박할 말이 없습니다. 사실이 그러하니까요. 다이어 박사는 이 짧은 글에서 우리에게 두 가지를 귀띔하고 있습니다. 하나는, 인생의 어려운 문제들이 모두 본인으로서는 가장 좋은 생각을 한 것이지만 생각이 잘못되었기에 생긴 것이니 그 생각을 바꾸면 문제도 사라진다는 것이요 다른 하나는, 우리가 하느님이라는 이름으로 부르는 어떤 힘(들에 꽃을 피어나게 하고 하늘에 별을 돌게 하는 힘)을 의존하라는 것입니다. 이 둘이 무슨 상관일까요? 나의 잘못된 생각을 바꾸는 것하고 하느님을 의존하는 것하고 무슨 상관이 있습니까?

만약에 스스로 자신의 생각이 잘못되었음을 알고 그것을 고치거나 바꿀 수 있다면 굳이 하느님을 의존하지 않아도 되겠지요. 그런데 그게 맘대로 되지를 않는 겁니다. 그래서 하느님(우주를 경영하는 빈틈없는 힘)께 자신을 내어맡기라는 것 아니겠습니까? 병든 몸을 의원에게 맡기고 그가 하라는 대로 하듯이, 하느님에게 우리를 맡겨드리고 그분이 하라는 대로 하는 거예요. 그때 우리는 우리의 '가장 좋은 생각'이 왜 어떻게 잘못되었는지를 알게 되고 그 '앎'에 의하여 잘못된 생각들이 저절로 고쳐지면서 우리를 힘들게 하던 문제들은 자연 소멸되는 것입니다. 성경에는 고맙게도 그런 경험을 한 사람들에 대한 기록이 많이 남아 있지요. 그들에게 그런 일이 일어났다면 우리에게도 같은 일이 일어날 수 있는 겁니다.

하느님이 누군지, 어떤 분인지, 정말 있기는 있는 분인지, 그런 것 몰라도 괜찮습니다. 한 번만이라도 그분을 진심으로 부른다면 반드시 어떤 기적이 그에게서 일어날 것입니다. 가을이 깊어지면 서리가 땅을 덮듯이, 그것은 틀림없는 진실입니다.

장천하어천하

우리에게 무엇이 있다면 그것은 지금 여기에 있습니다. 다른 시간 다른 공간에는 있을 수 없어요. 왜냐하면 우리가 지금 여기 말고 다른 때 다른 곳에 있을 수가 없기 때문입니다. 그것이 행복이든 불행이든 마찬가지에요. 구원도 그렇고 깨달음도 물론 그렇습니다.

바다에 사는 물고기가 목마르다니
웃지 않을 수 없구나.
생명이 몸소 네 안에 살고 있는데
그것을 잡지 못한 채, 너는
끝없이 두리번거리며
이 성소聖所에서 저 성소로 옮겨 다닌다.
나, 카비르가 말한다.

이곳 캘커타에서 멀리 티베트까지
어디든 원하는 대로 가보아라. 그러나
네 영혼이 숨어 있는 곳을 찾지 못한다면
이 세계는 너에게 헛된 그림자로 되고 말 것이다.

이렇게 노래한 것은 카비르^{Cabir}만이 아닙니다.

우습구나, 소 탄 사람이여
소를 타고서 다시 소를 찾다니.
(可笑騎牛子, 騎牛更覓牛)

그렇습니다. 우리 스승께서 "네가 진리를 알지니 진리가 너를 자유롭게 하리라"고 하신 그 진리는 어디 멀리 다른 곳에 있지 않습니다. 우리가 있는 바로 '지금 여기'에 있는 거예요.

장자는 "천하를 천하에 감춘다(藏天下於天下)"고 했지요. 세속에 묻혀 있는 하느님 나라와 하느님 나라가 묻혀 있는 세속이 같다는 말씀입니다.

그러므로 저는 하느님 나라에 들어갈 수가 없습니다. 갈비뼈가 어떻게 가슴 안으로 들어갈 수 있겠습니까?

문제는, 언제 어디서나 지금 여기 있을 수밖에 없는 몸을 두고서 있지도 않은 과거와 미래와 저기와 거기를 헤매고 다니는 제 마음입니다. 이 떠도는 마음을 지금 여기로 불러오는 것이 명상이라고, 틱낫한 스님은 그렇게 말씀하셨지요. 아무쪼록 명상에 좀더 힘을 모아야겠습니다.

구원이란
무엇인가?

　십오륙 년쯤 전, 강의실에서 한 신학생으로부터 "구원이 무엇이냐?"는 질문을 받은 적이 있습니다. 이렇게 대답했지요.
　"내가 아무리 친절하게 말해줘도 자네는 구원이 어떤 것인지를 알 수 없을 걸세. 자네가 내게 구원이 무엇이냐고 묻는 것은 이 주스 맛이 어떠냐고 묻는 것과 같다고 하겠네. 내가 주스 맛을 자세하게 설명한들 자네가 내 말을 듣고서 과연 주스 맛을 알았다고 할 수 있겠는가? 구원이란 누구의 설명을 듣고서 알 수 있는 무엇이 아닐세. 그래서 예수는 우리에게 구원을 설명하는 대신 구원받는 길을 가르쳐주셨지. 정말 구원이 무엇인지 알고 싶나? 구원을 받아보시게. 그 수밖에 다른 길이 없네."
　잠시 말을 끊었다가 한마디 덧붙였습니다.
　"구원받은 사람 또한 그것을 언어에 담아 옮길 수는 없을 걸세. 억지로 말을 해도 수수께끼 같은 이상하고 애매한 말이 겨우 나오겠지. 그래서 아는 사람은 말이 없고 말하는 사람은 모른다(知者無言 言者無知―노자)고 했네. 토마스 아퀴나스 성인이 말년을 깊은 침묵으로 보낸 까닭이 아마도 여기 있지 않았을까?"

요즘도 가끔 비슷한 질문을 받곤 합니다. 역시 비슷하게 대답해주지요. 하지만, 주스를 마셔본 사람이 그 맛에 대하여 아무 말도 할 수 없는 건 아니듯이 저 또한 제가 아는 구원에 대하여 아무 말도 할 수 없는 건 아닙니다. 그래서 굳이 한마디 한다면 이렇습니다.

"구원받은 사람에게는 천당도 지옥도 없다. 비유하자면, 꿈에서 깨어난 사람이 꿈에 지은 잘못으로 인하여 벌을 받거나 꿈에 쌓은 공덕으로 상을 받는 일이 없는 것과 같다."

말이 됩니까? 안 돼도 할 수 없습니다. 그러나 죽은 뒤에 천당 갈 꿈을 꾸거나 지옥으로 갈까봐 두려워하는 사람은 아직 구원을 경험하지 못한 사람입니다. 정말 구원을 받은 사람이라면, 구원이 여긴 있고 저긴 없다, 누구한테는 있고 누구한테는 없다, 그런 말을 할 수가 없는 거예요.

이렇게 구차스러운 말을 입에 올려봅니다만, 제가 이러고 있는 것은 아직 구원을 옹글게 경험하지 못했다는 명백한 증거올시다. 제가 구원을 안다는 것은 제가 주스를 먹었다는 게 아니라 주스로 되었다는 것이니까요.

구원받은 자에게는 받은바 구원도 없고, 구원받은 '나'도 없고, 그를 구원해준 '누구'도 없고, 다만 구원 자체가 있을 뿐입니다.

예수 부활은
어떻게 왜
'놀라운 사건'인가?

오, 알 수 없는 사랑님! 당신의 놀라운 일들이 모두 지나간 일이요, 우리가 할 수 있는 일은 오래된 경전을 베끼고 거기 적혀 있는 당신의 말을 인용하는 것밖에 없다고 생각하는 경향이 우리에게 있습니다. 우리는 당신의 무진장한 행위가 끊임없이 새로운 생각, 새로운 고통, 새로운 행동을 낳고, 그리하여 남의 인생과 저술들을 베낄 필요도 없이 다만 당신의 계획 앞에 온전히 자신을 포기하면서 살아가는 새로운 지도자들, 새로운 예언자들, 새로운 사도들, 새로운 성인들을 배출하고 있음을 보지 못합니다. 그저 끊임없이 "옛날에 있었던 일"과 "성인들의 시대"에 대한 이야기만 듣고 있지요. 무슨 그런 대화법이 다 있습니까? 모든 시대, 모든 사건들이 순간순간 그것들을 채우고 성결하게 하는 당신 은총의 산물 아닌가요? 당신의 성스런 행위는 이 세상 끝나는 날까지, 당신 섭리 앞에서 자기를 온전히 포기하는 영혼들

위에 그 빛을 비출 것입니다.

— 장-피에르 드 코사드 Jean-Pierre de Caussade 신부

　제 몸이 죽은 뒤에 경험하게 될 부활에 대하여는, 조금 궁금하긴 하지만, 별 관심 없습니다. 언제고 저도 죽을 것이고 때가 되면 굳이 알고자 하지 않아도 알게 될 테니까요. 몸을 가지고 세상 한구석에 살면서 사후死後의 일을 궁금해 하는 것은, 내일 일을 염려하지 말라고 하신 우리 주님의 가르침에도 맞지 않는다고 생각합니다.

　그러므로 '부활'이라는 단어를 떠올릴 때마다 저의 관심은 장차 있게 될(?) 이 아무개의 부활이 아니라 어떻게 하면 예수 그리스도의 부활을 목격한 제자들의 대열에 동참할 것이냐, 달리 말하면, 어떻게 이 눈으로 부활하신 주님을 뵙고 그리하여 그분의 부활을 증거하며 살 것이냐에 있습니다. 제 관심이 죽은 뒤의 제 부활보다 지금 여기 삶의 자리에서 목격하고 증언할 그분의 부활에 있는 까닭은, 이것이 없으면 저것도 없다고 생각하기 때문입니다. 여기 살아 있는 동안 땅에서 부활하신 주님을 뵙고 그분의 부활에 동참하지 않고서는 죽은 뒤 하늘에서 부활을 경험할 수 없을 것이라는 말씀이에요.

　복음서는 우리에게 희망을 줍니다, 여기 이 제자들처럼 너희도 너희 육신으로 부활하신 주님을 경험할 수 있다고!

　모르겠어요. 다른 이들은 어떤지 모르겠습니다만, 저는 복음서에서 그런 희망의 메시지를 읽었습니다. 주님이 "내가 세상 끝 날까지 언제나 너

희와 함께 있겠다"(마태, 28: 20)는 약속은 오늘 여기 있는 저에게 유효한 것이고, 유효한 것이어야 합니다. 부활하신 그분이 지금 여기 나와 함께 계시다면, 내 몸으로 그분을 경험할 수 있고, 경험할 수 있어야 하는 것 아닙니까? 어디 멀리 제 몸으로 닿을 수 없는 곳에 떨어져 있는 분이 아닌 이상, 그런 분을 눈으로 보고 손으로 만지고 귀로 듣고 몸으로 느끼는 것은 오히려 당연한 일이지요.

이런 철부지(?) 생각으로 저는 부활하신 주님을 저승이 아닌 이승에서, 하늘이 아닌 땅에서, 유령 아닌 몸으로, 저 옛날 마리아 막달레나처럼, 만나 뵙고 싶었습니다.

어렸을 때 복음서의 부활 기사를 읽으며 궁금한 게 하나 있었어요. 왜 예수님은 부활하신 다음 빌라도나 대사제들이나 로마 병사들을 찾아가서, "보아라, 너희가 죽인 내가 이렇게 살아났다! 이래도 항복하지 않겠느냐?" 하고 호령하지 않으셨을까? 그랬더라면 세상이 한꺼번에 뒤집어졌을 텐데! 그게 늘 궁금했습니다.

이 궁금증이 풀어진 것은 한참 뒤의 일이지만, 바로 거기에 예수님 부활의 비밀한 의미가 숨어 있고, 그것을 알아내는 데 제 삶의 모든 것이 달려 있음을 주님은 가르쳐주셨지요.

복음서에서 부활하신 주님을 목격한 사람들의 공통점이 하나 있는데, 처음에는 그분을 알아보지 못했다는 게 그겁니다. 마리아 막달레나도 그랬고 엠마오로 가던 두 제자도 그랬고 티베리아스 호숫가의 일곱 제자들도 그랬지요. 그러니까, 지금 자기들과 함께 있는 '어떤 사람'이 바로 부활하신 주님이라는 사실을 몰라보다가 무슨 계기로 말미암아 문득 눈이 열려서 그분을 알아보게 되었다는 그런 얘깁니다.

부활하신 주님은 세상 모든 사람에게(빌라도나 대사제들도 물론 포함하여) 당신 모습을 나타내 보이셨지만 소수의 눈이 열린 제자들만이 그분을 알아보았습니다. 그렇다면 그분은 지금도 부활하신 당신 모습을 세상 모든 사람에게 나타내 보이시는데, 몇몇 눈이 열린 제자들만이 그분을 알아보는 것 아닐까요? 태양이 누구한테는 빛을 비추고 누구한테는 비추지 않고 그러는 일 없이 모든 사람 위에 밝은 빛을 비추지만, 눈 먼 사람들에게는 보이지 않듯이 말입니다.

해마다 부활절을 맞아 우리는 복음서에 기록된 그분의 '부활 이야기'를 듣고, 그것을 기념하여 이런저런 행사를 하는 정도에서 그치지 말고, 한걸음 나아가 부활하신 예수를 자기 삶의 현장에서 알아 뵙는 '놀라운 사건'이 본인에게 일어나기를 간절히 바라며 기도해야 할 것입니다.

그럼, 너는 부활하신 예수를 경험했느냐고요? 더듬거리며 그렇다고 말씀드릴 수 있습니다만, 더는 말하지 않겠습니다.

먹어봐야
아는 국 맛

먹어봐야 아는 게 국 맛이고 겪어봐야 아는 게 사람이지요. 아무리 자세하게 일러주어도, 누구를 소개하는 '말'만 듣고서 그 사람을 알았다고 할 수는 없습니다.

겪어도 그냥 거죽으로만 근사하게 겪어가지고는 아직 멀었어요. 말 그대로 밑바닥 똥창까지, 잘난 구석 못난 구석 모두 겪어본 다음에야 비로소 한 사람을 안다고 말할 수 있을 것입니다.

우리가 예수를 아는 것도 마찬가지 아닐까요? 그분에 관한 복음서의 설명을 아무리 자세하고 정확하게 이해한다 해도, 그것으로 "내가 예수를 안다"고 말할 수는 없는 겁니다. 예수에 대하여 아는 것과 예수를 아는 것은, 한 여인을 중매쟁이가 건네준 사진으로 아는 것과 결혼해 살면서 아는 것만큼이나 다를 거예요.

물론, 그분에 관한 이야기를 먼저 듣는 게 순서겠지요. 그러나 그분에 관한 이야기를 듣는 것만으로는 결코 그분을 알 수 없습니다. 그런데도 어떤 사람이 예수에 관하여 믿을 만한 정보들을 웬만큼 알고 있는 것으로 만족하여 "내가 예수를 안다"고 생각한다면, 본인을 위해서나 예수를 위해서나 딱한 일이 아닐 수 없습니다.

그런즉 우리는 다가오는 부활절을 내다보며, 십자가의 성 요한이 드린 다음 기도에 "아멘, 저도 그렇습니다"로 화답할 필요가 있는 것입니다.

사랑하는 주님, 더 이상 중간 전달자들을 통하여 당신에 관한 이야기를 듣고 싶지 않습니다. 당신에 관한 교설들을 듣고 싶지도 않고, 당신에 관하여 이야기하는 자들 때문에 제 감정이 휘둘리는 것도 원치 않습니다.

당신의 현존을, 저는 갈망합니다. 중간 전달자들은 제가 당신한테서 얼마나 멀리 떨어져 있는지를 상기시켜줌으로써 저를 슬프게 하고 절망시킬 뿐입니다. 그들은 제 가슴 속 상처를 들쑤시고, 당신이 저에게 오시는 것을 어떻게든지 지연시키려는 것 같습니다.

이제 오늘부터 제발 더 이상 저에게 중간 전달자들을 보내지 말아주십시오. 당신에 관한 교설들도 더 이상 그들을 통해서 들려주지 마십시오. 저들은 당신께 향한 저의 갈망을 결코 채워주지 못합니다.

저는 저 자신을 온전히 당신께 드리고 싶습니다. 그리고 당신께서도 온전히 당신을 저에게 주시기 바랍니다. 그동안 흘낏 보여주신 당신 사랑을, 이제는 옹글게 보여주십시오. 중간 전달자들을 통해서 들려주신 사랑을, 이제는 몸소 제게 들려주십시오. 때로는, 당신이 저한테서 숨으시어 저를 놀리신다는 생각이 듭니다. 값을 매길 수 없는 당신 사랑의 보석을 지니고, 주님, 저에게로 오십시오.

인생은 여인숙

루미Rumi의 시 한 편 소개합니다.

인생은 여인숙
날마다 새 손님을 맞는다.

기쁨, 낙심, 무료함,
찰나에 있다가 사라지는 깨달음들이
예약도 않고 찾아온다.

그들 모두를 환영하고 잘 대접해라!
그들이 비록 네 집을 거칠게 휩쓸어
방 안에 아무것도 남겨두지 않는

슬픔의 무리라 해도, 조용히
정중하게, 그들 각자를 손님으로 모셔라.
그가 너를 말끔히 닦아
새 빛을 받아들이게 할 것이다.

어두운 생각, 수치와 악의가
찾아오거든 문간에서 웃으며 맞아들여라.

누가 오든지 고맙게 여겨라.
그들 모두 저 너머에서 보내어진 안내원들이니.

    당신이 시인하든 부인하든, 당신은 하느님의 작품입니다. 압니다, 이 말이 당신에게 거친 무례로 들릴 수 있음을. 그래도 용서하십시오. 당신은 하느님의 유일무이한 작품입니다. 당신 몸에는(마음에도 물론) 그분이 직접 일으키시거나 적어도 일어나도록 허락하시지 않은 일은 결코 일어나지 않습니다. 예수님은 참새 한 마리도 아버지께서 허락하시지 않으면 땅에 떨어져 죽지 않는다고 하셨지요.

    당신에게 일어나는 모든 일이, 그 일을 당신이 환영하든 배척하든, 그분이 몸소 일어나게 하셨거나 일어나도록 허락하신 일입니다. 그리고 하느님께서 당신에게 그리 하시는 것은 당신에 대한 그분의 사랑을 그렇게 보여주시는 것일 뿐입니다. 그래서 "하느님을 사랑하는 사람들 곧 하느님의 계획에 따라 부르심을 받은 사람들에게는 모든 일이 서로 작용해서 좋은 결과를 이룬다"(로마서, 8: 28)고 말하는 거예요.

 당신이 인정하든 부정하든, 이는 어쩔 수 없는 진실입니다. 이렇게 막무가내로 말하는 것을 용서해주십시오. 저도 어쩔 수가 없습니다.

세상의
문법을 넘어

우리 회사 인터넷 카페의 '드립니다' 코너에 한 분이 돈 백만 원을 내어놓으셨고 다른 분이 그 돈을 받으셨습니다. 제가 두 분께 "하느님의 놀이(게임)에 동참되신 것을 축하한다"고 댓글을 달았더니 어느 친절한 길벗 한 분이, 무슨 뜻으로 그렇게 말하는지는 알겠지만 "동참되다"는 말은 우리 문법에 어긋난다고 쪽지를 보내셨어요. 옳으신 지적입니다. 꽃이 피어지는 게 아니라 피어나듯이, 동참은 하는 거지 되는 게 아니니까요.

그래도 저는 "동참되다"는 말을 할 수밖에 없고 앞으로도 계속 할 겁니다. 왜냐고요? 그게 우리나라 말법에는 어긋나지만 하늘나라 말법에는 딱 들어맞는 표현이거든요.

예수님은 땅에서 하늘을 사신 분입니다. 그분이 당신의 생애를 한마디로 요약 정리하신 문장이 「요한복음」에 있지요. "누가 나에게서 목숨을 빼앗아가는 것이 아니라 내가 스스로 바치는 것이다. 나에게는 목숨을 바칠 권리도 있고 다시 얻을 권리도 있다. 이것이 바로 내 아버지에게서 내가 받은 명령이다"(요한, 10:18).

무슨 말입니까? 당신이 목숨을 누구한테 빼앗기는 게 아니라 스스로 바치는 것인데, 그런데 그것 자체가 아버지의 명령에 대한 복종이라는 겁니다.

아들이신 예수님과 아버지이신 하느님은 서로 안에 계십니다(요한, 10:38). 서로 안에 있다는 말은 서로 밖에 있다는 말이지요. 다시 말해, 두 분은 서로 안에 있으면서 서로 밖에 있는, 사람의 문법으로 설명되지 않는 이상한 관계인 겁니다.

잡히시기 전날 밤, 예수님은 게쎄마니 동산에서 이렇게 기도하십니다. "아버지, 아버지의 뜻에 어긋나는 일이 아니라면 이 잔을 저에게서 거두어주십시오. 그러나 제 뜻대로 하지 마시고 아버지의 뜻대로 하십시오"(루가, 22:42).

예수님은 당신 뜻을 버리고 아버지 뜻에 따르셨습니다. 누가 시켜서 마지못해 그러신 게 아니라, 아버지 뜻 앞에서 당신 뜻을 버리는 그것이 바로 그분의 뜻이었어요. 그래서 결국 십자가를 지셨지요. 자, 그러면 어떻게 된 겁니까? 그분의 십자가는 당신의 뜻을 이루신 것입니까? 아닙니까?

그분의 삶(과 죽음)은 누구의 간섭도 받지 않은 옹근 자유의 실현이면서 당신의 뜻을 철저히 비우고 아버지 뜻에 온전히 복종하는 자自와 타他, 능能과 소所, 주主와 객客, 능동能動과 수동受動의 통일이었습니다.

공자님이 고희古稀에 이르러, "내 맘대로 하는데 법도를 어김이 없다"고 하신 것도 같은 경지를 말씀하신 것 아닐까요?

바울로 선생이 "나는 어느 누구에게도 매여 있지 않는 자유인이지만 스스로 모든 사람의 종이 되었다"(고전, 9: 19)고 하신 것도 그렇고요.

세상 사람들 문법으로는 도무지 담아지지 않는, 모순의 갈등이 아니라 모순의 통일이 있는 자리에, 아무것도 아니하면서 하지 않는 게 없는(無爲而無不爲) 이상한 사람들이 예수, 공자, 바울로의 뒤를 이어 오늘도 그분의 설명되지 않는 놀이(게임)에 동참하여 동참되고 있는 것입니다.

사탄은 없다,
유혹도 없다

　주님은 우리를 사랑하십니다. 어쩔 수 없는 진실입니다. 피어난 들국화인데 무슨 수로 향기를 뿜지 않겠습니까?
　우리는 그분이 머리카락을 세어두실 만큼 아끼고 보살피는 그분의 몸입니다. 그런 고로 우리한테 일어나는 일은 모두 그분이 몸소 하시는 일이든지 아니면 그분의 승인(허락) 아래 일어나는 일입니다.
　우리에게 사탄은 없습니다. 생각해보십시오. 전지전능 하느님이 당신 눈동자처럼 아끼는 자식을 원수 사탄이 집적거리게 그냥 두시겠습니까? 그런 일이 일어날 수 있겠어요? 무슨 그런 전지전능이 다 있습니까? 있으면 가짜지요. 그래서 바울로는 몇 번이나 아시아 지역 전도 계획이 좌절되었을 때, "사탄이 전도 길을 막았다" 하지 않고 "예수의 성령이 허락하지 않았다(사도, 16 : 6~7)"고 했던 것입니다.
　우리가 진심으로 하느님의 자녀임을 믿고 고백한다면, "사탄이 나를 괴롭힌다"는 말을 입에 담을 순 없습니다. 당신 허락 없이 참새 한 마리 땅에 떨어지지 않게 하시는 하느님을 부인하지 않고서는 할 수 없는 말이 니까요.

"하느님이 나를 괴롭히신다" 또는 "하느님이 나를 유혹(시험)하신다" 는 말도 있을 수 없습니다. 사랑이신 하느님이 우리를 지으신 목적은 괴롭히거나 유혹하여 넘어지게 하려는 것이 아닐 테니까요. "유혹을 당할 때에 아무도 '하느님께서 나를 유혹하신다' 는 말을 해서는 안 됩니다. 하느님께서는 악의 유혹을 받으실 분도 아니시지만 악을 행하도록 사람을 유혹하실 분도 아니십니다"(야고보, 1: 13). 옳은 말입니다.

그런데 왜 우리는 이렇게 좌절하고 넘어지고 괴롭고 아프고 상처를 입고 울고불고 난리인 걸까요? 야고보 사도는 그것을 "자기 욕심에 끌려서 유혹을 당하고 함정에 빠지는" 사람 탓으로 돌리고는, 사람 욕심이 잉태하여 죄를 낳고 그 죄가 자라서 죽음을 초래한다고 말하지요. 근사한 말입니다만, 석연치 않습니다.

사람이 제 욕심에 끌려 유혹을 당하는 게 정말 사람 탓일까요? 노루가 덫에 걸리는 것이 노루 잘못입니까? 그게 노루가 책임질 일인가요? 무슨 일로 화가 나서 소리를 지르고 물건을 부수고 그러는 게 정말 그 사람 잘못이고 그 사람이 책임을 져야 할 일입니까?

제삼자가 보면 그렇다고 할는지 모르겠습니다만, 당사자 입장에서는 받아들이기 힘든 말입니다. 내가 이 모양 이 꼴로 태어난 것이 그게 내 탓이요 내 책임입니까? 노루가 노루로 태어난 것이, 함정인지 미끼인지 분간 못하고 덜컥 걸려든 것이, 그게 노루 탓이요 노루 책임입니까? 그래서 저는, 유혹을 당하여 넘어진 책임을, 유혹을 당해 넘어진 본인한테로 돌리는 데 동의할 수 없는 것입니다.

자, 그럼 그렇게 좌절하고 넘어지고 괴롭고 아프고 상처 입고 울고불고 난리를 피우는 너 자신을 어떻게 설명하겠느냐고, 저에게 물으신다면 저는 이렇게 답하겠습니다.

"나는 전지전능 하느님의 아들이요, 원수 사탄이 손끝 하나 건드릴 수 없는 그분의 몸이다. 그러니 사탄이 나를 괴롭히려고 유혹에 걸려 넘어지게 하는 것은 처음부터 있을 수 없는 일이다. 내가 좌절하고 넘어지고 괴롭고 아프고 상처 입고 울고불고 난리를 피우는 것은 하느님이 몸소 그렇게 하시는 일이거나 적어도 하느님의 승인(허락) 아래 내가 나에게 하는 일이다. 하느님이 몸소 그렇게 하시거나 내가 나에게 그렇게 하도록 승인(허락)하시는 데는 단 하나의 이유가 있을 뿐이다. 그것은 단련鍛鍊이다. 좌절하지 않고서는 다시 시작할 수 없고, 넘어지지 않고서는 일어날 수 없고, 괴롭지 않고서는 편안할 수 없고, 아프지 않고서는 나을 수 없고, 상처 입지 않고서는 성할 수 없고, 울지 않고서는 웃을 수 없기 때문에, 캄캄한 어둠을 겪지 않고서는 밝아오는 새벽을 맞을 수 없기 때문에, 사랑 아닌 것을 모르고는 사랑을 알 수 없기 때문에, 단련하고 또 단련하여 순금純金으로 되지 않으면 하느님의 면류관을 장식할 수 없기 때문에, 그래서 오늘도 나는 이렇게 좌절하고 넘어지고 괴롭고 아프고 상처 입고 울고불고 난리법석인 것이다. 내게는 사탄도 없고 사탄의 유혹도 없다. 오직 하느님의 단련이 있을 뿐이다."

 당분간 이런 '생각'으로 살아볼까 합니다. 그러니 당분간은 내게 일어나는 어떤 일로 누구를 탓하거나 나 자신을 나무랄 수가 없겠군요. 물론, 당분간입니다. 이 생각이 언제 어떻게 바뀔는지, 그건 모를 일이지요.

하느님의 사랑놀이

자세히 보면 세상에 존재하는 모든 사물과 사람과 사건이 다른 사물과 사람과 사건에 연결되어 있습니다. 그래요, 세상 천지에 혼자 동떨어져 있는 것은 아무것도 없어요. 보이지 않는 끈이 존재하는 모든 사물과 사람과 사건들을 이어주면서 그것들을 있게 합니다. 천체天體는 헤아릴 수 없이 많은 별들로 이루어진 게 아니라 헤아릴 수 없이 많은 별들을 연결하는 보이지 않는 끈으로 이루어진 것입니다.

수세미가 있어서 줄기도 되고 뿌리도 되고 잎도 되고 꽃도 되고 덩굴손도 되는 것처럼 보이지 않는 끈이 있어서 그것이 별도 되고 나비도 되고 구름도 되고 온갖 것이 다 되는 거예요. 이것과 저것이 있어서 관계가 형성되는 것이 아니라 관계가 있어서 이것도 있고 저것도 있다는 말씀입니다.

당신과 나를 이어주는, 그게 있어서 당신도 있고 나도 있는, 그것을 다른 이름으로 부르면 무엇일까요? 사랑? 예, 사랑입니다! 당신이 거기 있고 내가 여기 있어서 둘이 서로 사랑하는 게 아니라 사랑이 있어서 당신도 있고 나도 있는 거예요. 아니, 사랑이 당신으로 되고 나로 되어 내 모습을 한 사랑과 당신 모습을 한 사랑이 시방 처음도 나중도 없는 사랑놀이를 하고 있는 겁니다.

한 포기 수세미가 줄기도 되고 뿌리도 되고 잎도 되고 꽃도 되고 덩굴손도 되어 저렇게 살아가듯이.

보이는 것들이 보이지 않는 무엇을 만드는 게 아니라 보이지 않는 무엇에서 모든 보이는 것들이 나왔음을 잊지 않고 살아간다면(히브리서, 11:3), 우리는 이제라도 괜한 갈등과 고통에서 헤어나 본디 모습인 사랑으로 현존할 수 있을 것입니다. 예, 그래요, 사랑으로 현존하는 길은, 우리가 하느님과 이웃을 사랑하는 게 아니라 하느님이 우리 몸으로 보이지 않는 당신(하느님)과 보이는 당신(이웃)을 사랑하시는 것이라는 진실을 온몸으로 깨달아 아는 데 있습니다.

하기야 뭐, 우리가 미처 이 진실을 깨치지 못한다 해도 상관없습니다. 수세미는 여전히 수세미로 살아갈 것이고, 사랑이신 하느님은 우리가 당신의 비밀을 깨닫거나 말거나 당신의 사랑놀이를 계속하실 테니까요.

안분신무욕

귀처럼 소리를 듣거나 입처럼 음식을 먹지 못한다는 사실이 눈한테 아쉬움일 수도 있고 다행일 수도 있듯이, 내가 세상에서 할 수 있는 일의 영역이 매우 제한되어 있다는 사실은 나에게 수치일 수도 있고 위안일 수도 있습니다.

그게 다 생각하기 나름이지요. 자기가 할 수 있는 일이 제한되어 있다는 게, 평소 남들이 하는 일을 보고 나도 저렇게 할 수 있으면 얼마나 좋을까 부러워하며 사는 사람에게는 부끄럽기도 하고 화가 날 일이기도 하겠지만, 자기와 남을 굳이 비교하지 않고 스스로 만족하며 사는 사람이라면 그게 뭐 부끄러울 것도 없고 화날 일도 아닐 것입니다.

자기가 옹근 전체의 한 부분임을 머리 아닌 몸으로 아는 사람이야말로 행복한 사람이올시다. 그는 결코 주제넘은 짓을 하지 않을 것이며 따라서 지나친 욕심으로 자기와 남을 힘들게 하지도 않을 테니까요. 옛말에 안분신무욕安分身無辱이라, 분수를 지키면 그 몸에 욕됨이 없다고 했거니와, 참으로 지당한 말씀입니다.

남미에서 가난한 이들을 섬기다가 순교하신 로메로A. Romero 주교님이 이런 기도를 드리셨더군요.

가끔 뒤로 물러서서 멀리 내다볼 필요가 있습니다.
하느님 나라는 우리 노력으로 세워지지 않는 나라일 뿐 아니라
우리 눈길로 가서 닿을 수도 없는 나라입니다.
우리는 다만, 하느님이 하시는 거대한 사업의
지극히 작은 부분을 평생토록 감당할 따름이지요.
우리가 하는 일 어느 것 하나 완전하지 못합니다.
하느님 나라는 우리 손길이 미칠 수 없는 저 너머에 있습니다.
어느 선언문도 말해야 할 내용을 모두 밝히지 못하고
어느 기도문도 우리의 모든 소원을 담지 못합니다.
어느 고백문도 옹근 전체를 싣지 못하고
어느 방문도 돌봐야 할 사람을 모두 돌보지 못합니다.
어느 계획도 교회의 선교를 완수 못하고
어느 목표도 모든 것에 닿지 못합니다.

이것이 우리가 하는 일이에요.
어느 날 싹틀 씨를 우리는 심습니다.

그것들이 가져다줄 미래의 약속을 생각하며,
우리는 뿌려진 씨들 위에 물을 주지요.
그 위에 벽돌들이 쌓여지고 기둥들이 세워질
내일의 건물에 기초를 놓고,
우리 힘으로는 해낼 수 없는 효과를 내다보며
반죽에 누룩을 섞습니다.
우리는 만능이 아닙니다. 다만,
우리에게 주어진 일을 할 수 있는 만큼 할 때
거기에서 해방감을 느낄 따름이에요.
그것이 우리로 하여금
기꺼이 지금 하고 있는 일을 하게 합니다.
턱없이 모자라지만, 이것이 시작이요
하느님 은총을 세상에 임하도록 하는 걸음입니다.

아마도 우리는 끝내 결과를 보지 못할 거예요.
하지만 그것이 건축가와 목수들의 차이입니다.
우리는 건축가가 아니라 목수들입니다.
메시아가 아니라 사제들이에요.
우리는 우리 것이 아닌 미래를 내다보는 예언자들입니다. 아멘.

　예, 그래요. 우리는 우주만큼이나 큰 포도나무의 좁쌀만큼이나 작은 가지들입니다. 마더 테레사 수녀님 말씀대로, 우리 모두 잠시 그분의 일을 하다가 갈 따름이지요. 오늘도 이 한마디 말씀이 저에게 얼마나 큰 위로와 평화를 주시는지 모르겠습니다.

『공동번역 성서』에 대한 생각

봄이면 어김없이 오는 게 있습니다. 서둘러 피어난 꽃들 또는 피어나려는 꽃망울들을 사정없이 몰아치는 이른바 꽃샘추위라는 물건이지요.

내 생애에서 『공동번역 성서』 출간을 위해 '대한성서공회' 임시직원(직함은 '공동번역을 위한 문장위원')으로 일한 1년 6개월은 각별한 은총의 시절이었습니다. 내가 그 일에 참여한 것은 번역 작업이 거의 마무리되고, 『신약성서』는 이미 출간된 다음이었어요.

주로 문익환 목사님과 선종완 신부님에게서 마지막으로 정리된 번역 원고를 맞춤법에 맞는 '한국말'로 다듬는 것이 내게 맡겨진 일이었습니다.

어느 날, 문익환 목사님이 종로 3가 뒷골목 보신탕집에서 소주 한 잔 곁들여 점심을 드시다가, 지나가는 말로 한마디 하신 게 영 잊혀지지 않아요. 단 둘이 마주앉은 자리였습니다.

"요샌 말이야, 구교舊敎가 신교新敎고 신교가 구교더라구!"

한마디 말 속에 담긴 뜻이 선명하게 전해졌습니다. 그만큼 가톨릭이 부드럽고 프로테스탄트가 딱딱하다는 말씀이었지요.

과연 그랬습니다.

번역위원들이 작성한 원고를 구교와 신교 측 전문위원(?)들이 검토하고 의견을 첨부하여 보내면 그것을 참고하여 원고를 손질하는 시스템으로 번역 작업이 진행되었는데, 구교 측에서는 크게 이의를 달지 않는데 견주어 신교 측에서는 거의 '트집'에 가까울 만큼 까다롭게 굴고 심지어 어떤 것은 반드시 이렇게 번역해야 한다는 주장을 펴기도 했습니다.

『구약성서』 번역이 거의 끝나갈 무렵 선 신부님이 출간된 성서를 보지 못한 채, 느보산의 모세처럼, 숨을 거두셨습니다.

드디어 『공동번역 성서』가 제작 공정에 들어갔을 때, 어느 기독교계 주간지에 '의견 광고'가 하나 실렸어요.

서울 J교회 장로 아무개 씨 이름으로 된 광고였는데, "마리아 숭배하는 천주교 이단과 함께 성경을 번역하면서 '하나님'의 성호를 '하느님'으로 바꾼 개신교 측 인사들에게 하나님의 저주가 임하리라"는 내용이었습니다.

그 광고문을 들고 당시 '명동사건'을 위하여 은밀히 분주하시던 문익환 목사님에게, "큰일 났습니다. 이제 목사님은 하나님의 저주를 받게 되셨어요!" 농담처럼 말씀드렸더니, 기가 막힌다는 표정으로 웃어 넘기셨습니다. 그리고 그 다음 다음날쯤 되었던가? 과연 '하나님의 저주'가 있었던지, 목사님은 '명동사건'의 주모자로 구속되셨지요.

　구교가 된 신교는 결국 '하나님' 아닌 '하느님'에 걸려 『공동번역 성서』를 외면했습니다. 곽노순 선생이 '하나님이냐 하느님이냐'에 대하여 누구도 반박할 수 없을 만큼 완벽한 논문을 내놓았지만, 소용없었어요. 한 번 해병대면 영원한 해병대라던가요? 한 번 '하나님'이면 세상이 깨어져도 '하나님'인 것을 어쩌란 말인가요?
　그동안 신교가 된 구교 쪽에서 『공동번역』을 읽어주는 바람에 나는 속으로 미안하고 고맙고 그랬는데, 그나마 이제는 끝났구나! 한국 천주교 주교회의가 『성경』을 펴냈으니.

　아직은 한국 교회의 의식이 『공동번역』을 읽을 정도의 수준에는 오르지 못한 모양입니다. 얼마나 더 기다려야 하는 걸까요? 모르겠습니다.
　하지만 꽃샘추위가 아무리 기승을 부려도 끝내 꽃피는 봄을 막을 수 없듯이, 언젠가는 한국 기독교회의 구교와 신교가 함께 『공동번역』을 펼쳐 읽을 날이 오리라고 내다보며, 나 혼자서라도 죽는 날까지 『공동번역』을 손에서 놓지 않으리라 다짐해봅니다.

용서한다는 것

용서는 용서하는 쪽과 용서받는 쪽을 함께 치유한다. 그러나 아느 한쪽이 변화되지 않는 경우도 있다. 우리는 남을 억지로 변화시킬 수 없다. 우리의 할 일은 할 수 있는 대로 남을 용서하는 것뿐이다. 용서의 효과가 온전히 나타나는 데 몇 년 세월이 걸릴 수도 있다. 그것은 내가 직접 겪은 일이다.

아버지와 나는 습관처럼 반복되는 분노와 적개심을 주고받으며 오랫동안 사이가 좋지 못했다. 내가 자신을 좀더 잘 이해하게 되었을 때 비로소 나는 내가 여러 면에서 아버지를 닮았다는 사실을 알게 되었고, 나에 대한 아버지의 분노 뒤에 숨은 아픔을 헤아릴 수 있었다. 프랑스에 "이해하는 것이 용서하는 것"이라는 말이 있다. 내가 아버지를 좀더 깊이 이해하기 시작했을 때, 그분에 대한 나의 사랑이 싹을 틔웠다.

아버지는 내게 운전기술도 가르쳐주셨고 의과대학에 다닐 수 있도록 학비도 마련해주셨다. 그밖에도 아버지가 내게 해주신 여러 가지 일들에 감사한다는 내용으로 편지를 쓰기 시작했다. 몇 년 동안 정규적으로 편지를 보냈지만 답장은 한 줄도 받지 못했다. 그러나 수년 뒤 집에 갔다가 우연히 아버지 책상 서랍을 열었을 때 거기서 나는 여러 번 읽은 흔적이 뚜렷한 내 편지들이 고스란히 묶여 있는 것을 보았다.
— 로저 월쉬, 『영성의 본질』.

주님은 우리에게 남을 용서하라고 가르치셨지 남에게 용서를 받으라고는 하지 않으셨습니다. 남을 용서하는 일은 내가 할 수 있지만 남에게 용서받는 일은 내 맘대로 할 수 없기 때문입니다. 남에게 용서받는 일은 내 맘대로 할 수 없지만 남에게 용서를 구하는 일은 내가 할 수 있는 일, 아니 나만이 할 수 있는 일입니다. 그러니 용서에 관하여 우리가 할 수 있는 일은 남을 용서하거나 남에게 용서를 구하는 일, 그뿐입니다.

남에게 용서를 구하거나 남을 용서하는 것은 내게 용서받거나 나를 용서해줄 누군가를 위해서가 먼저 나 자신을 위한 것입니다. 지난날의 잘못으로 말미암은 족쇄에서 풀려나는 유일한 방편이 용서인 까닭입니다.

공자님이 사람 살아가는 데 가장 중요한 덕목으로 충忠과 서恕를 말씀하신 것은 하느님 사랑하고 이웃을 사랑하라는 예수님의 가르침과 다를 바 없다고 하겠습니다.

"사랑으로 못 고칠 병 없다"

환갑 진갑 다 지나서 말씀 두 마디 얻었습니다.

하나는 "사랑으로 못 고칠 병 없다"는 말씀이고, 다른 하나는 "사람으로 태어나 사랑 말고 해볼 만한 다른 일이 없다"는 말씀입니다.

아마도 세 번째 말씀이 하나 더 있을 듯싶은데, 아직 때가 되지 않았는지, 얻지 못했습니다.

"사랑으로 못 고칠 병 없다."

마침 혼자서 엘리베이터 안에 있던 저는, 이 말씀에 온몸으로 "아멘!" 하였습니다. 눈물이 왈칵 쏟아졌어요.

예수님이 못 고치신 병이 없었던 것은 그분이 사랑덩어리였기 때문입니다. 하지만 사랑이란 본디 주고받게 되어 있는지라, 이쪽에서 사랑을 줘도 저쪽이 받아들이지 않거나 받아들이지 못하면 소용이 없습니다. 사랑덩어리이신 예수님이 나자렛에서 의심덩어리 고향 사람들에게 별다른 치유의 기적을 나타내지 못하신 이유가 바로 여기 있었습니다. 이쪽에서 진실한 사랑을 보내고 저쪽에서 그 사랑을 받아들이기만 한다면, 그 사이에 치유되지 않을 질병이 없는 겁니다.

물론, 사랑으로도 못 고칠 병이 하나 있긴 있지요. 고칠 수도 없지만 고쳐서도 안 되는 병인데요. 죽음의 사자로 찾아온 병이 그 병입니다. 그 경우에는 병을 고치려 하지 말고 잘 모셔서 그가 하고자 하는 일을 도와드릴 일입니다. 그래서 평화롭고 향기로운 마지막을 준비해야 합니다.

이 한 가지 병 말고는, 육신의 병이든 정신의 병이든, 사랑의 영약으로 고치지 못할 병이 세상엔 없습니다. 이 말은, 하느님을 이길 힘이 세상에 없다는 말과 같은 말입니다.

"사람으로 태어나 사랑 말고 해볼 만한 다른 일이 없다."

아멘입니다! 왜냐하면, 사랑이 시켜서 하는 일 아니면 모든 일이 헛일이기 때문입니다. 천사처럼 말을 잘해서 많은 사람에게 감동을 줘도, 산을 옮길 만한 믿음이 있어서 엄청난 기적을 일으켜도, 하늘 신비를 알아 비범한 영적 스승이 되어도, 내 몸을 내주어 불사르게 할지라도, 그 모든 행위의 바탕에 사랑이 없다면, 진실로 아무것도 아닙니다.

사랑이 없다는 것은 숫자 앞에 마이너스 부호가 붙었다는 것과 같습니다. 일단 앞에 마이너스 부호가 붙으면, 숫자가 클수록 그만큼 작아집니다. 그러니 사랑에서 나오지 않은 인간의 모든 위대한 업적들이 얼마나 하찮고 성가신 쓰레기들입니까?

하나도 사랑이요 둘도 사랑이요 셋도 사랑입니다. 사랑 말고는 아무것도 없습니다. 사랑만이 존재합니다. 진실로, 사랑 말고는 사람으로 태어나서 해볼 만한 가치 있는 일이 아무것도 없습니다.

이 소중한 말씀을, 환갑 진갑 다 지나서 인생의 황혼기에 얻은 것이 처음엔 무척 안타까웠습니다. 진작 알았더라면, 우리 아이들 자취하던 옥탑방에 아이스크림 한 통 사들고 찾아갔을 터인데, 번역하느라고 바빠서, 설교 준비하느라고 바빠서, 민주화하느라고 바빠서, 마음공부 하느라고 바빠서, 다리 꼬고 앉아 명상하느라고 바빠서, 세상을 어떻게 하면 정의롭고 평화롭게 만들 것이냐를 토론하는 자리에 참석하느라고 바빠서, 아이들 자취방 한 번 찾아보지 않았습니다! 아플 때 곁에서 호- 해주지 못했고 아내가 힘들어 울 때 그 어깨 한 번 따뜻하게 안아주질 못했습니다. 어디를 그리도 급하게 달려가야 했던지, 무슨 해야 할 일이 그리도 많았던지……. 허둥지둥, 아무것도 아닌 일에 매달려 살아온 그동안의 삶이 원망스럽기까지 했어요.

하지만 주님은, 그렇게 상실한 시절이 오늘 나를 여기까지 오도록 밑에서 받쳐준 징검다리였음을 금방 깨우쳐주셨지요. 그래서 지금은 그냥 고맙고 고맙고 고마울 따름입니다.

이제부터는 누굴 만나든지 사랑으로만 만나고 무슨 일을 하든지 사랑으로만 하겠습니다. 어떤 일 앞에서 내 속에 사랑이 있는지 없는지 알아보고, 만약에 사랑이 없다면 세상없는 일도 하지 않을 겁니다.

하지만, 그게 과연 그리 될까?에는 역시 자신이 없네요. 그래도, 안 될 때 안 되고 못할 때 못하더라도, 마음으로 다짐하는 거야 못할 일도 아니지요.

이웃이 누구냐를 묻느라고 자기 눈앞에서 죽어가는 이웃을 보지 못하는 불쌍한 사람이 되지 않으려면, 사랑이 뭐냐고, 어떻게 하는 것이 사랑이냐고, 묻지 마십시오. 자신에게든 남에게든 그런 질문은 하는 게 아닙니다.

"모든 사람이
사랑에 중독되어 있다"

며칠 만에, 나머지(?) 한 말씀 얻었습니다.

"사람을 포함하여 살아 있는 모든 것들이 사랑에 중독되어 있다."

마약에 중독된 사람은, 마약 기운이 떨어지면 도무지 어떻게 할 바를 모른다지요? 술에 중독된 사람도 그런가봅니다. 때가 되었는데 술이 몸에 들어오지 않으면 안절부절못하고 괴로워하다가, 술을 한 모금만 마셔도 언제 그랬더냐 싶게 기운을 낸다지요? 저도 그런 사람 여럿 봤습니다.

중독이란 게 본디 그런 겁니다. 술에 중독되면 술이 그에게 생기가 되고, 아편에 중독되면 아편 없인 못살고, 노름에 중독되면 마누라 속곳까지 팔아먹는다 하잖습니까? 노름 아닌 그 무엇도 눈에 들어오지 않는 거예요.

아, 그런데 선생님은 저에게 말씀하시는군요. 너는 이 세상에 태어날 때부터 사랑에 중독된 몸으로 태어났다고. 사랑-중독자로 이 세상에 왔다고. 그러니까 애초부터 사랑 없이는 살 수 없는 몸이라고. 술꾼들이 술에 중독되어 마침내 걸어 다니는 술통으로 되듯이, 너는 사랑에 중독되어 마침내 숨 쉬는 사랑덩어리가 될 운명이라고!

그것이 어찌 저만의 운명이겠습니까? 그래요. 사람을 포함하여 살아 있는 모든 생명체가 사랑으로 중독이 되어 있습니다. 그 몸에 주어지는 사랑이 없으면 태어나자마자 숨을 거둘 수밖에 없는 것이 모든 생명체의 운명이에요. 금방 태어난 아기를 엄마가, 또는 다른 누군가가, 품에 안아 돌봐주지 않으면 어떻게 되겠습니까?

사람을 포함하여 모든 생명체가 사랑으로 중독된 몸이기에 사랑이 없으면 존재 자체가 불가능합니다. "너희가 나를 떠나서는 아무것도 할 수 없다"는 주님 말씀이 참으로 옳으신 말씀이에요. 사랑이신 그분을 떠나서는, 우리가 할 수 있는 일이 아무것도 없습니다.

인간을 포함한 모든 생명체들의 질병이 사랑의 결핍에서 오는 것입니다. 그러니까, 결핍되었던 사랑만 채워주면 모든 질병이 사라지는 게 자명한 이치지요. 그렇습니다. 세상에 사랑으로 고치지 못할 병이 그래서 없는 겁니다.

당신을 사랑하는 마음으로, 감히 당신에게 한 말씀드립니다.

여보세요, 당신 사랑-중독자랍니다. 사랑에 중독이 되어 있다구요. 당신이 무엇인가에 두렵고, 마음이나 몸이 아프다면 그건 충분한 사랑을 받지 못해서거나 충분한 사랑을 주지 못해섭니다. 그밖에 다른 원인이 있을 게 없어요.

　그러니 무엇인가에 두렵거나 심신이 아프거든 얼른 주변을 둘러보십시오. 당신의 사랑이 시급하게 필요한 사랑-중독자가 반드시 눈에 띌 것입니다. 그에게 서슴지 말고, 겁내지 말고, 사랑을 주세요. 그러면 그와 동시에 기다리고 있었다는 듯이 당신 몸으로 쏟아져 들어오는 그분의 놀라운 사랑이 느껴질 것입니다. 그러면 '상황 끝'입니다. 그게 다예요.

"주는 사랑이 받는 사랑이다"

앞의 세 마디 말씀으로 끝인 줄 알았더니, 그게 아닌가봅니다. 하긴, 세상만사 어디에 '끝'이라는 말을 붙일 수 있겠습니까?

"사랑은 주는 것이 받는 것이요 받는 것이 주는 것이다. 그런데 먼저는 주는 것이다."

제 생일은 제가 태어난 날이지만 실은 제 어머니가 저를 낳으신 날입니다. 제가 태어난 것과 어머니가 저를 낳으신 것은 같은 때 같은 곳에서 일어난 하나의 사건입니다. 서로 동떨어진 두 사건이 아니라는 말씀이지요.
이와 같이, 우리가 누구를 사랑하는 것은 곧 그에게서 사랑을 받는 것이요, 우리가 누구한테서 사랑을 받는 것이 곧 그를 사랑하는 것입니다.

저는 이제까지 내가 누구를 사랑하면 그 사람도 내 사랑에 대한 보답으로 나를 사랑해줄 것이라고, 그러니까 사랑을 주는 때와 사랑을 받는 때가 따로 있다고 생각했습니다. 그런데 그게 아닌 거예요. 사랑을 누구에게 주는 바로 그 순간 나는 내가 사랑하는 그 사람한테서 사랑을 받는 것이고, 누구한테서 사랑을 받는 바로 그 순간에 나는 내게 사랑을 주는 그 사람을 사랑하는 겁니다. 어머니가 나를 낳으시는 바로 그 순간에 내가 태어나고 내가 태어나는 바로 그 순간에 어머니가 나를 낳듯이 말이에요.

그러니까 사랑은, 그것이 건강하고 참된 사랑이라면, 어디까지나 주고받는 것이지 일방으로 주기만 하거나 일방으로 받기만 하는 그런 사랑은 없는 거지요. (이른바 짝사랑이란 그런 뜻에서 건강하지 못한 사랑 또는 가짜 사랑이라고 할 수 있을는지 모르겠습니다. 그래도 사랑은 사랑인지라, 그나마 할 수 있는 것이 그조차 할 수 없는 것보다는 낫겠지요?)

사람과 사람 사이에서 이루어지는 가장 아름답고 완전에 가까운 사랑을 저는 아이에게 젖을 먹이는 어머니 또는 엄마 젖을 빨고 있는 아이한테서 봅니다. 저는 남자라서 아이에게 젖을 빨려본 경험은 없습니다만, 아이가 행복한 얼굴로 자기 젖을 빨고 있을 때 그 엄마는 틀림없이 그 아이 때문에 행복할 것입니다. 아이가 아무 의심도 망설임도 없이 건강하게 자기 젖을 빨고 있는데 그 아이 때문에 속상한 엄마가 있겠어요? 반대로, 만약에 아이가 무슨 이유로 젖을 거부하거나 잘 먹지 못한다면 그때에는 근심이 되고 마음도 불편해지겠지요. 그것은 아이에게 사랑을 충분히 줄 수 없기 때문이면서 아이로부터 사랑을 충분히 받지 못한 때문이기도 합니다. 엄마 젖을 받아먹고 있는 아이는 바로 그렇게 지금 엄마를 사랑하고 있는 것이거든요.

제가 하느님의 사랑을 믿고 그 사랑에 아무 의심도 망설임도 없이 저를 온통 내어 맡기는 그것이 바로 제가 하느님을 사랑하는 것이란 말씀입니다. 제가 주는 사랑의 선물을 거절하지 않고 기꺼이 받아주는 당신 때문에 저는 행복하고 살맛이 납니다. 왜 그럴까요? 당신이 제 사랑을 받아줌으로써 그렇게 저를 사랑하시기 때문이지요. 줄 때에는 줄 수 있어서(상대가 그것을 받아주어서) 기쁘고 받을 때에는 받을 수 있어서(상대가 그것을 주어서) 좋고, 그게 사랑 아닌가요? 반면에, 주는데 상대가 받지 않으면 슬프고 받고 싶은데 상대가 주지 않으면 아프고, 그게 사랑이지요.

그런데 "먼저는 주는 것"입니다. 왜냐하면 누구나 세상에 태어나는 순간 벌써 사랑을 받았기 때문입니다. 내가 태어난 날이 곧 어머니가 나를 낳으신 날이고 어머니가 나를 낳으신 날이 곧 내가 태어난 날이긴 하지만, 내가 태어났기에 어머니가 나를 낳으신 게 아니라 어머니가 나를 낳으셨기에 내가 태어난 것입니다. 내가 어머니 젖을 빨기 전에 어머니가 당신 젖을 먼저 제 입에 물려주셨다는 말씀이에요.

먼저 받았으니 다음에는 주는 일이 남지 않겠어요? 그러니까 우리가 할 일은 누가 나를 사랑해주나, 하고 두리번거리며 찾는 게 아니라 내 사랑을 누구에게 줄까, 하고 그 사람을 찾아보고 그에게 사랑을 주는 겁니다. 아무도 보이지 않는다고요? 걱정할 것 없습니다. 사랑할 상대가 정 보이지 않으면 자기 자신을 사랑하는 거예요. 어쩌면 그게 가장 영양가 있는 사랑일는지도 모르겠네요.

　우리 모두 한때 젖먹이였습니다만, 어른이 되면서 그 시절의 행복했던 '사랑 주고받기' 경험을 잃어버렸어요. 어떻게 하면 그것을 되찾을 수 있을까요? 어떻게 하면, 아무 의심도 망설임도 없이 자기에게 주어지는 어머니의 사랑을 받아들임으로써 어머니를 사랑하는, 그래서 어머니를 기쁘게 해드리는, 어린아이로 돌아갈 수 있을까요? 그리하여 예수님이 말씀하신 '하늘나라'에 들어갈 수 있을까요?

　그 방법이야 살아가면서 찾다보면 찾아질 것이고, 우선은 참된 사랑 주고받으며 건강하고 행복하게 살고 싶다는 간절한 염원을 품는 게 먼저겠지요.

"네가 사랑하려 하지 마라"

이장님의 공지가 곧 있을 모양입니다. 마을 확성기가 아주 큰소리로 노래를 부르는군요.

"당신이 원하신다면 하늘의 별을 따다 주리다. 당신이 원하신다면 하늘의 달을 따다 주리다…… 조금만 기다려줘요. 행복하게 해줄 테니까……."

들어보니 뭐 이런 내용이군요. 듣다 말고 입가로 웃음이 새나가는 것을 봅니다. 웃음과 함께 이런 말도 나가네요.

"속지 말아요, 제발. 속지 말아요. 저 남자 지금 당신을 가지고 싶어서 아무 생각 없이 지껄여대고 있답니다. 세상에 누가 하늘의 별을 따다 줄 수 있겠어요?"

그렇습니다. 저런 말은 귀에는 달콤할는지 모르지만, 속에는 함정이 들어 있게 마련이지요. 어떤 여자가 저 남자 말을 믿고 하자는 대로 한다면 틀림없이 얼마 뒤에 불행을 맛볼 겁니다!

사람이 사람한테 할 수 있는 약속이 있고 할 수 없는 약속이 있습니다. 예를 들어, "오늘 점심시간에 장어구이 살게." 이런 건 주머니에 돈이 있으면 얼마든지 할 수 있는 약속입니다. 하지만, "오늘 점심시간에 널 즐겁게 해주겠어." 이런 약속은 할 수 없는 거예요. 왜냐하면 저 사람이 즐겁고 안 즐겁고는 내가 결정하거나 보증할 수 있는 게 아니거든요.

그러니까, 누구도 "날 믿어. 내가 널 행복하게 해줄 테니까." 이런 말을 해서는 안 되는 겁니다. 사람에게는 그런 말을 할 자격도 실력도 없기 때문이지요.

하지만 우리는 그런 터무니없는 약속을 잘도 하고 또 그런 약속에 잘도 넘어가고, 그러면서 아옹다옹 살고 있지요.

"당신 날 행복하게 해준다더니, 날마다 술 마시고 밤늦게 들어오는 이게 그거야?"

"내가 술 먹고 싶어 먹나? 식구들 먹여 살리려면 어쩔 수 없다구. 당신은 이 나라에서 사업을 한다는 게 어떤 건지 알아? 이렇게 남자 사정은 몰라주고 밤마다 바가지 긁는 게, 그게 당신이었어?"

이런 식으로 엇나가다가 드디어 가장 가깝던 사이를 가장 먼 사이로 바꾸기도 하는 게 인생입니다. 예, 뭐 사람 산다는 게 다 그런 거지요. 그렇지만, 한두 번쯤 자기도 모르게 주제넘은 약속을 했다가 또 그 약속을 믿었다가 낭패를 보고 실망을 하는 것 가지고 뭐라고 시비를 따질 건 없겠습니다만, 같은 일을 매일 밥 먹듯이 되풀이한다면 그건 좀 문제 아니겠어요?

행복이란, 남이 나에게 줄 수 있는 것도 아니고 그러니까 남이 빼앗아 갈 수 있는 것도 아닙니다. 불행 또한 마찬가지예요. 누가 날 불행하게 만들 수 있는 것도 아니고 누가 내 불행을 가져갈 수 있는 것도 아닙니다. 이 '비밀 아닌 비밀'을 깨달아 알고서, 어떤 일로도 "위로 하늘을 원망하지 않고 아래로 사람들을 탓하지 않는(上不怨天, 下不尤人)" 사람을 공자님은 군자라고 하셨다지요?

앞으로 '허튼 약속' 따위 하지도 말고 그것에 속지도 말아야겠다고 속으로 다짐하는데, 뜬금없이 한 말씀 주시는군요.

"사랑을 주고받는 것도 그러하다. 사랑에 대하여 너는 자신에게나 남에게나 아무것도 보증할 수 없는 몸이다. 그런즉 사랑할 때에는 상대가 어떻게 받아주기를 기대하거나 예상하지 말 것이며 사랑을 받을 때에도 상대가 어떻게 해주기를 기대하거나 예상하지 말 것이다. 네가 사랑을 하려 하지 말고 사랑이 너를 움직이게 하여라."

네가 사랑을 하려 하지 말고 사랑이 너를 움직이게 하라고요? 무슨 말씀인지 오늘 하루 좀더 생각해봐야겠습니다.

"수레를 끄는 것이 말이냐? 마부냐?"

이틀 뒤, "네가 사랑을 하려 하지 말고 사랑이 너를 움직이게 하라"는 말씀을 묵상하는데, 이런 말씀이 들리는 것 같았어요.

"말이 수레를 끄느냐? 마부가 수레를 모느냐? 너를 나에게 맡기고, 내가 이끄는 대로 사는 것이 곧 사랑하는 것이다."

수레를 끄는 것이 말이냐, 마부냐를 물으시는군요. 그야 물론 마부지요. 멀리서 보면 말이 수레를 끄는 것처럼 보이지만 자세히 들여다보면 마부가 말을 몰아 수레를 끌고 가는 것이니까요.

"내가 누구를 사랑한다"고 말하는 것은 "말이 수레를 끈다"고 말하는 것과 같고, "사랑이 나를 움직인다"고 말하는 것은 "마부가 말을 몰아 수레를 끈다"고 말하는 것과 같습니다. 이는 단순한 표현의 차이가 아닙니다. 왜냐하면, 수레가 가서 닿아야 할 곳과 그리로 가는 길을 말은 모르지만 마부는 알고 있으니까요. 마부가 없거나, 있어도 잠든 상태일 경우, 말이 수레를 끄는 것은 위험하고 무모한 짓이 아닐 수 없지요.

아하, 사람이 주님을 모시고 사는 일과 언제 어디서나 잠들지 않고 깨어 있는 일이 그리도 중요한 까닭을 이제 알겠습니다. 여기서 "깨어 있다"는 말은, 말인 내가 깨어 있다는 뜻이 아니라 마부인 주님이 깨어 있다는 뜻입니다. 하지만, 정확하게 말하면, 말인 내가 마부이신 주님을 향하여 깨어 있는 거지요. 그분은, 저 태양이 빛을 내지 않는 순간이 없듯이, 깨어 있지 않는 순간이 없는 그런 분이니까요.

제가 그동안 사랑을 하겠다고 마음도 먹고 노력도 해보았건만 그게 제대로 되지 않은 이유가 바로 여기 있었군요. 목적지도 모르고 길도 모르는 제가 제 인생을 끌어보려고 한 겁니다. 매사에 제 눈과 귀를 중심에 계신 주님께 돌려 "어찌 하오리까?"를 여쭙고 그분이 시키시는 대로 했더라면, 모든 일을 사랑으로 지혜롭게 해낼 수 있었을 텐데, 제가 알아서 제 능력으로 대처하다보니까, 어쩌다가 잘 넘어간 경우도 있었겠지만, 대부분은 저의 속마음과 달리 엉뚱한 결과를 빚었던 것입니다. 그래요. 사실 저는 사랑할 줄을 모릅니다. 사랑하는 방법에 대하여 숙맥이에요. 사랑한답시고 무슨 짓을 했다가 오히려 상대방에게 상처를 입힌 적이 그래서 그토록 많았던 겁니다.

그렇습니다. 저는 그동안 말이 수레를 끄는 줄 알았어요. 그런데 그게 아니군요. 오히려, 말이 수레를 끌면 안 되는군요. 마부인 주님이 말인 저를 몰아 수레인 제 인생을 끌고 가는 게, 그게 이치에 맞습니다.

그러니 이제부터 제가 할 일은, 제 생각대로 누구를 또는 무엇을 사랑하려고 애쓸 것이 아니라 몸과 마음을 주님께 맡겨드리고 그분이 이끄시는 대로 움직이는, 100퍼센트 수동태로 존재하는 것입니다. 물론, 누구의 강요에 의해서 억지로 그러려는 게 아니라 저 스스로 기꺼이 그러려는 것이니 100퍼센트 능동태이기도 하지요.

그런데 그게 쉽지 않군요. 예, 쉽지 않아요. 제멋대로 굴어온 습기習氣가 너무나도 두텁고 완강해서 그놈을 무릎 꿇게 하기가 참으로 만만치 않습니다. 하지만, 제까짓 게 그래봤자 '버릇' 아닙니까? 주인이 바로잡겠다는데, 언제고 잡히겠지요. 예, 누가 저한테 뭐라고 해도 넉넉하게 견디고 오래 참고 성내지 않고 무례하게 굴지 않고 덮어주고 믿어주고, 저 그렇게 할 겁니다. 그분이 저를 온전히 움직이시게 해드리기만 하면, 지금 당장에도 가능한 일이지요. 그 일도 물론 주님께 맡겨야 하겠지만요.

"살구꽃을 피우는 것은 살구나무가 아니다"

브라질의 주교 돔 헬더 카마라Dom Helder Camara의 기도문을 번역하다가 이런 문장을 만났습니다.

당신 아닌 다른 데에서 나오는 사랑,
당신 아닌 다른 데에서 이루어지는 사랑,
당신 아닌 다른 데로 돌아가는 사랑,
그것은 사랑이 아닙니다.

여기 '당신'은 물론 우리의 주님이신 예수 그리스도를 가리키는 말입니다.
그러니까 주님한테서 나와 주님 안에서 이루어지고 다시 주님께로 돌아가는 행위, 그게 바로 사랑이라는 말씀이지요. 주님한테서 나오지 않고 주님 안에서 이루어지지 않고 주님께로 돌아가지 않는 행위는 사랑이 아니라는 거예요.

자, 그러면 무엇이, 어떻게 하는 것이, 그분한테서 나오고 그분 안에서 이루어지고 그분에게로 돌아가는 행위일까요?

예수님은 당신 제자들에게, 나는 포도나무요 너희는 가지들이라고 하시며, "나를 떠나서는 아무것도 할 수 없다"고 말씀하셨습니다. 당신은 우리를 부분으로 한 전체요, 우리는 전체인 당신의 부분이라는 겁니다. 전체와 부분은 서로 떨어질 수 없는 관계올시다. 이것이 없으면 저것이 없고 저것이 없으면 이것이 없는 거예요. 주님이 있어서 내가 있고 내가 있어서 주님이 있다는 말씀입니다. 그러니까 무엇이 여기에 존재한다는 말은 그 '무엇'이 주님께 연결되어 있다는 말이지요. 제가 지금 이렇게 감기 기운을 느끼며 재채기를 하며 종이에 글을 쓰고 있는 것도 저의 주님이신 그분과 붙어 있기 때문에 가능한 것입니다.

도道는 불가수유리不可須臾離라, 도는 한순간도 떨어질 수 없는 것이라 하였지요. 저와 '예수'라는 이름으로 통하는 '도道' 사이가 그런 관계입니다. 단 한순간도 그분으로부터 떨어질 수 없는 존재가 바로 저란 말씀이에요. 만약에 제가 그분한테서 떨어진다면 그와 동시에 저도 없고 그분도 없는 겁니다. 존재란 얽힘입니다. 모든 것이 모든 것에 연결되어 있음, 그게 곧 존재요 행위입니다.

그날 예수를 십자가에 못 박고 그에게 침을 뱉은 자들도 예수와 한 몸으로 연결되었기에 그럴 수 있었던 겁니다. 우리가 '예수'라는 이름을 부르면서 그 이름에 담겨 있는 우주 전체를 보지 못한다면, 아직 예수의 정체를 모르고 있는 거예요. 그를 '다윗의 자손'으로, '아브라함의 후예'로, '나자렛 목수의 아들'로 보는 것은 틀리지는 않았지만, 그분이 보여주고자 하셨던 당신의 정체를 아직 다 보지 못한 것입니다. 그분은, 당신과 한 몸으로 연결되어 있지 않고서는 부정할 수도 없는, 그런 분이십니다.

그런데 예수님은 이어서 "나를 떠난 사람은 잘려나간 가지처럼 밖에 버려져 말라버린다"(요한, 15: 6)고 하십니다. 이건 무슨 말씀일까요? 그분과 우리 사이가 서로 떨어지면 함께 없어지는 그런 사이라면서, 어떻게 떨어지면 버려진다는 말을 하시는 걸까요?

이 질문에 대한 답은 만해卍海의 유명한 시구, "님은 나를 떠났지만 나는 님을 보내지 않았습니다"에서 찾을 수 있겠네요. 사람들은 자기가 하느님을 등지거나 그분한테서 떨어져 있다고 생각하지만, 그러나 그건 어디까지나 그들의 '착각'일 따름이요 '진실'은 아무도 그분을 등지거나 그분한테서 떨어질 수 없는 것입니다. 누가 해를 등지고서 자기 눈에 해가 보이지 않으니까 이제 해와 나는 남남이라고 생각할 수야 있지만, 과연 그가 해와 남남이 된 걸까요? 그의 돌아선 등에 내려쬐는 햇살은 어떻게 합니까? 손오공이 구름을 타고 달아나봤자 부처님 손바닥인 걸 어쩌겠어요?

그러니까 예수께서 말씀하신 것으로 기록되어 있는 "나를 떠난 사람"은 "나를 떠난 줄로 착각하는 사람"으로 고쳐 읽을 수 있고 사실 그렇게 읽어야 말이 되는 것입니다. 왜냐하면 누구든지 그분을 떠나서는 "잘려나간 가지처럼 밖에 버려져" 마를 수가 없기 때문입니다. 그분을 떠나면 이미 없는 사람인데, 없는 사람이 어떻게 어디로 버려진단 말입니까?

우리가 그분으로부터 떨어졌다는 '어미 착각'이 우리가 잘려나간 가지처럼 버려질 것이라는 '새끼 착각'을 낳고, 착각도 생각인지라 힘이 있어서 우리 인생을 시들게 만듭니다. 누구든지 이 '어미 착각'의 껍질을 깨고, 자기가 하느님으로부터 한순간도 떨어진 적이 없으며 앞으로도 영원히 그분을 떠날 수 없다는 '진실'에 눈을 뜨면, 그때부터 그가 하는 모든 행위가 "그분한테서 나와 그분 안에서 이루어지고 그분께로 돌아가는" 사랑의 실현이 되겠지요.

"사랑이신 하느님을 중심에 모셔라. 그런 다음, 하고 싶은 일을 마음 놓고 하라"는 성현의 말씀이 무슨 뜻인지 알겠습니다. 공자님이 고희古稀에 이르셨다는, "내 마음이 시키는 대로 하는데 하늘법도를 어김이 없다"는 경지가 바로 그것이겠지요. 당신이 하고 싶은 게 오직 "나를 죽여서 모든 너를 살리겠다"는 것인데, 그의 행위가 누구를 해치고 누구를 죽일 수 있겠습니까?

여기서 한마디 말씀을 더 얻는군요.

"네가 사랑하려 하지 말고 사랑이 너를 움직이게 하라는 말은, 만사를 네 뜻대로 하지 말고 너를 세상에 보내신 아버지의 뜻이 너한테서 이루어지게 하라는 말이다."

그렇습니다. 살구꽃을 피우는 것은 살구나무가 아닙니다. 천지간의 조화가 살구나무로 살구꽃을 피우는 거예요.

지금 제 육신은 완벽하게 그분과 한 몸을 이루고 있어서 이렇게 감기로 콧물을 흘리며 종이에 글을 적고 있습니다. 그러니까 지금 이 순간 제 육신은 완벽하게 그분의 사랑을 실현하고 있는 거지요.

문제는 마음이에요. 이 마음이 못가는 데, 안 가는 데 없이 돌아다니며, 제가 주님한테서 떨어져 나왔다는 어미 착각을 움켜잡고는 그것으로 온갖 엉터리없는 새끼 착각들을 생산하여, 자신과 남을 괴롭히고 실망시키고 미워하게 하고 분노하게 만드는 겁니다.

어떻게 하면 이 마음을 굴복시켜 유일한 실재(Reality)이신 그분께 오로지 복종토록 할 것인가? 아무래도 우리 삶이 옹글게 '사랑의 실현'으로 충만해지려면, 우리 마음을 온전히 주님께 굴복시키는 방법을 찾아 그렇게 하는 수밖에 다른 길이 없겠습니다.

어떻게 하면 우리 마음을 만사에, 큰일이든 작은 일이든, 오직 주님께 복종시켜 그분이 이끄시는 대로 움직일 것인가? 역시, 사랑으로 사는 길의 입구가 여기에 있는 것 같습니다.

"세계는 사랑의 자기-실현이다"

오랜만에(?) 꿈을 주시는군요.

크지도 작지도 않은 화분에 카네이션 비슷한 꽃이 한 송이 피어 있습니다. 빨간 꽃이에요. 그 화분이 배처럼 둥둥 떠서 어디론가 흘러갑니다. 그런데 다시 보니, 화분이 흘러가는 게 아니라, 저보다 크지만 저하고 모양이 같은 화분에 묻혀 있고, 흘러가는 것은 그것이 묻혀 있는 큰 화분이었어요. 설명하자면, 우리가 요지부동으로 가만히 앉아 있는 순간에도 지구가 무서운 속도로 운행을 하니 우리는 사실상 그만한 속도로 움직이고 있는 것과 같다고 하겠습니다. 그런데 다시 보니, 붉은 꽃 한 송이 피어 있는 작은 화분 자체가 화분처럼 생긴 꽃나무인 겁니다. 혹시, 그 화분처럼 생긴 꽃나무가 심어져 있는 큰 화분도 화분처럼 생긴 꽃나무고, 그것이 심어져 있는 더 큰 화분처럼 생긴 꽃나무가 또 있는 건 아닐까, 생각해보았지만 거기까지는 확인 못한 채 꿈에서 깨어났어요.

　권정생 선생이 평생 입고 살던 단벌옷(肉身)을 벗어놓고서 당신 어머니 사시는 나라로 가셨다는 말을 듣고 안동에 갔다가, 빈소에 진열된 거창한 화환들을 보는 순간 마음이 좀 언짢았어요. 저기에 자기 이름과 회사 이름을 큰 글씨로 박아놓은 이들이 권 선생을 조금이라도 생각했더라면, 과연 저럴 수 있었을까 하는 마음이 일면서 괘씸하기도 하고 어이없기도 하고, 그런 분위기에서 떠들썩하게 연출되는 상갓집 풍경들도 저에게는 도무지 어색하기만 하고, 안 그러려고 해도 자꾸만 빌뱅이 언덕 아래 그 초라한 움집에서 캄캄한 밤중에 아픈 배를 움켜잡고 신음하며 어머니를 부르고 있었을 '정생이 형' 생각이 나서 이래저래 마음이 아팠습니다. 제 입은 한사코 무거워만 지고, 사람들은 저에게 뭐라고 자꾸 말을 걸고, 결국은 도망치다시피 빈소를 떠났지요. 이튿날, 그러니까 어제 아침, 잠시 권 선생 살던 움집 뒤란에 혼자 앉아 있다가 버스 정거장까지 걸어서 집으로 돌아왔습니다.

　그런데요, 돌아와서 우연히 카페(cafe.daum.net/DreemtheLORDSGame)에 들러보니, 빈소의 화환들이나 조객들의 모습에 마음이 언짢았다면 그건 어디까지나 네 생각 때문이지 조금도 그들 탓이 아니라고, 그들도 너만큼 고인을 사랑하고 그 죽음을 슬퍼하고 있는 거라고, 자유게시판에 글을 올린 오 아무 씨를 시켜서, 단호하게 말씀하시는군요.
　다만 사랑하는 방식이 다를 뿐이라고, 네 방식이 그릇된 건 아니지만 마찬가지로 그들의 방식도 그릇된 게 아니라고, 문제는 그들의 방식이 그릇되었다는 너의 판단과 견해에 네 언짢음의 뿌리가 있는 것이라고, 그래서 일찍이 너에게, "오직 견해를 멈추라(唯須息見)"고 일러주지 않았느냐고, 말씀이 추상같으십니다.

그래요. 모든 것이 사랑의 자기-실현입니다. 혹시 내 눈에 병든 사랑이나 잘못 표현된 사랑으로 보이는 행태가 있더라도 그건 어디까지나 내가 그렇게 보는 것이요, 설사 그렇다 하더라도, 병든 사람이나 잘못 사는 사람 또한 사람이듯이 병든 사랑이나 잘못 표현된 사랑도 사랑인 것만은 어쩔 수 없는 진실입니다. 예, 맞아요. 세상 자체가 한 분이신 하느님의 자기-실현이라면, 사랑의 실현 아닌 그 무엇도 있을 수가 없는 거예요. 이 세상에 있는 것은 오직 사랑뿐입니다.

그래도, 병든 사람은 고치고 잘못된 사람은 바로잡아야지요. 그러기에 경우에 따라 쓴 소리도 해야 하고 권면하는 말도 해야 합니다. 다만 그것을 의원이 환자 대하듯이, 인자한 스승이 덜된 제자 대하듯이, 그렇게 해야 하는 겁니다. 안 그러면 그러는 것 자체가 또 다른 병든 사랑일 테니까요.

진실로, 세상은 건강한 생명들과 병든 생명들로 가득 차 있듯이, 건강한 사랑과 병든 사랑으로 가득 차 있습니다. 그뿐입니다. 다른 것은 없어요.

간밤에 주신 꿈의 메시지를 이제 알겠습니다.
우리 모두 그분의 화분에 심어져 있는, 그분의 화분처럼 생긴 꽃나무에 핀 한 송이 꽃입니다. 세상 천지에 꽃은 한 송이뿐입니다. 다른 꽃은 없고, 꽃 아닌 꽃도 물론 없어요.

우리 집 거실에 걸려 있는 무위당 선생의 붓글씨, 만물일화^{萬物一華}가 오늘 새삼스레 활짝 피어나는 듯합니다.

이렇게 오늘 아침, 선생님은 저에게 말씀하시는군요.

"세계는 사랑의 자기-실현이다. 존재하는 모든 것이 서로 연결되어 한 송이 꽃으로 피어나는 중이다. 너는 네 몫으로 충분하다. 남의 것을 넘보거나 시새우지 마라."

예, 선생님의 가르침대로, 다만 저에게 주어진 길을 걸을 뿐, 상대가 부탁하지도 않는데 그가 하는 일을 비난하거나 함부로 판단하는 짓은 이를 악물고라도 하지 않도록 노력해보겠습니다. 그것이 오직 사랑으로 살기를 원하는 자의 마땅한 자세겠지요.

하지만, 언제고 때가 되어 제 주검이 누워 있는 자리에, 전화 한 통으로 즉석 배달되는, 무례하고 괘씸한 화환들이 몰려드는 것은 어떻게 해서라도 막아주십시오. 제가 죽었을 때 아직 살아 있어서 저의 장례를 치르게 될 분들의 도움을 미리 청해두는 바입니다.

이왕 말이 나온 김에 한마디 덧붙입니다. 죽어가는 사람이 자기 죽음을 내다보면서 남긴 유언이 없다면 모르거니와 그런 게 있으면 제발 좀 그대로 해드립시다. 고인이 하지 말라고 부탁한 일은, 그게 아무리 근사한 명분이 있는 사업이라 하여도, 하지 않는 것이 고인에 대한 사랑과 존경의 표시 아니겠습니까? 하물며, 망자를 이용하여 자기를 선전한다면 그야말로 파렴치한 짓이라고 저는 봅니다. 그 많은 화환들 가운데 보낸 자나 그가 속한 단체 이름이 적혀 있지 않은 물건을 한 개도 보지 못했기에 드리는 말씀입니다.

 그러나 이건 어디까지나 제 생각을 말씀드린 것일 뿐, 그것을 주장하여 당신에게 강요하는 것은 물론 아니올시다.

구원은 없다!

원 세상에.
이렇게 간단한 것을!

그리스도 예수가 내 몸이요 나는 그 몸의 한 지체니,
그가 있는 곳에 나 또한 아니 있을 수 없는지라,
따로 무슨 구원 따위를 바라거나 염려할 터무니가 없다.

병들지 않은 자를 어찌 고칠 것이며
호수에 빠지지 않은 달을 누가 건질 것인가?

그리스도인에게 구원은 없다!
태양에 아침이 있다면 또 모르겠으나.